LA BOLDUC
SOIXANTE-DOUZE CHANSONS POPULAIRES
édition préparée et présentée
par Philippe Laframboise
est le quatre cent vingt et unième ouvrage
publié chez VLB ÉDITEUR
et le cinquième de la collection
«Chansons et monologues».

LA BOLDUC
SOIXANTE-DOUZE CHANSONS POPULAIRES

Du même auteur

Les vacances de Lili, Éditions Le Devoir, 1948, 203 p.

Rolande Desormeaux. Sa vie, sa carrière, son souvenir, Éditions des succès populaires, 1963, 128 p.

Adieu! Fred Barry, à compte d'auteur, 1965, 72 p.

Au revoir Mariano, Collection Mini-Poche Éclair, 1970, 98 p.

Billets du soir, Collection Éclair, 1970, 190 p.

Fernandel l'immortel, Collection Mini-Poche Éclair, 1971, 98 p.

Tino Rossi, Éditions La Presse, 1972, 128 p.

Jean Grimaldi présente, en collaboration avec Jacques Cimon, Éditions René Ferron, 128 p.

La Poune, Éditions Héritage, 1978, 144 p.

Du soleil à travers mes larmes (biographie de Clairette), Éditions de Mortagne, 1982, 405 p.

La sexualité bien expliquée, en collaboration avec le Dr Auguste Hébert, Éditions Proteau, 1983, 184 p.

Cinquante ans d'amour (biographie de Tino Rossi), Éditions Proteau, 1983, 240 p.

Dieu chez Piaf, Éditions Proteau, 1983, 90 p.

Chantons, la mer est belle. Paroles de soixante-quinze chansons populaires, Éditions Concilium, 1984, 90 p.

Olivier (Guimond), en collaboration avec Gilles Latulipe, Éditions Stanké, 1985, 192 p.

LA BOLDUC
Soixante-douze
chansons populaires

Édition préparée et présentée par Philippe Laframboise

vlb éditeur

VLB ÉDITEUR
Une division du groupe Ville-Marie Littérature
1000, rue Amherst, suite 102
Montréal (Québec)
H2L 3K5
Tél.: (514) 523-1182
Télécopieur: (514) 282-7530

Maquette de la couverture: Nancy Desrosiers

Photo de la couverture: Archives personnelles de
Philippe Laframboise

Distribution:
• Pour le Québec, le Canada et les États-Unis:
LES MESSAGERIES ADP*
955, rue Amherst,
Montréal (Québec) H2L 3K4
Tél.: (514) 523-1182
Télécopieur: (514) 521-4434
* Filiale de Sogides Ltée

• Pour la Belgique et le Luxembourg:
PRESSES DE BELGIQUE S.A.
Boulevard de l'Europe 117
B-1301 Wavre
Tél.: (10) 41-59-66
     (10) 41-78-50
Télécopieur: (10) 41-20-24

• Pour la Suisse:
TRANSAT S.A.
Route des jeunes, 4ter
C.P. 125
1211 Genève 26
Tél.: (41-22) 342-77-40
Télécopieur: (41-22) 343-46-46

• Pour la France et les autres pays:
INTER FORUM
13, rue de la Glacière, 75624 Paris
Cédex 13
Tél.: (33.1) 43.37.11.80
Télécopieur: (33.1) 43.31.88.15
Télex: 250055 Forum Paris

Dépôt légal — 3e trimestre 1992
Bibliothèque nationale du Québec
ISBN 2-89005-467-5

À ses enfants,
Lucienne,
Réal,
Fernande.

À ses camarades
Manda Parent,
Jean Grimaldi.

Avant-propos

Nous qui les aimons pour les avoir entendues tant et tant de fois, pour en avoir été imprégnés depuis notre lointaine enfance, nous savons tous que les chansons de La Bolduc s'intègrent intimement à notre identité. Ne sont-elles pas l'écho même du climat social, familial et économique d'une époque? Cette époque qui fut évidemment la sienne et par ricochet, celle de toute une génération qui se souvient et se reconnaît à travers elles.

Le règne de cette incomparable créatrice devenue le chantre populaire de notre histoire contemporaine, faut-il le préciser, s'est établi en 1929, soit en même temps que l'universelle crise économique déclenchée par le fatidique jeudi noir de Wall Street. Il se terminera prématurément — hélas! — alors que la Deuxième Guerre mondiale bat son plein.

Analysées avec les yeux du recul et l'oreille du présent comme autant de petits tableaux évocateurs et représentatifs, ces soixante-douze chansons récupèrent et illustrent tout un passé, et font à jamais partie de notre trésor culturel et patrimonial. Prises les unes à la suite des autres, elles constituent la chronique d'un autre âge. Elles permettent aux aînés de se souvenir et à la nouvelle génération de... découvrir que la vie est un perpétuel recommencement, qu'il n'y a jamais rien de nouveau sous le soleil. Car cinquante ans plus tard, donc en 1991, nous sommes toujours en état de récession, il y a toujours du chômage, des propriétaires indiscrets, des agents d'assurances tenaces, des épidémies de grippe, des Gédéon amateurs et des gouvernements à vilipender...

On a souvent cru que cette prolifique artisane s'inscrivait d'emblée sur la liste de nos folkloristes, croyance que je me suis toujours efforcé de contredire, puisque, pour moi, Mme Édouard Bolduc a toujours fait, pardessus et avant tout, œuvre de chansonnier, au même titre que ceux de Montmartre qui brodent leurs couplets à même l'actualité sur des musiques connues ou plus souvent improvisées.

Tout comme les modes, l'actualité se renouvelle sans cesse. Et c'est la raison, sans aucun doute, pour laquelle son répertoire, après avoir défié le temps, est toujours à la portée de tous.

Avec son turlutage légué par ses ancêtres irlandais, La Bolduc a innové, sans être la copie de qui que ce soit. Tout comme le poète des gueux Jean Narrache (Émile Coderre), elle s'est faite en quelque sorte la porte-parole et la défenderesse du peuple ouvrier. Avec un humour plus que personnel, elle a pris position contre certaines autorités, le système, ses détracteurs... Féministe avant le temps, nationaliste sans s'en rendre compte, elle a établi sa propre légende sans se soucier d'une possible réhabilitation posthume.

Cette illettrée providentiellement talentueuse, en l'espace seulement d'une décennie, nous aura laissé une œuvre considérable qui influencera ceux qui viendront à sa suite grâce à ce génie de la chanson populaire qui l'habitait, cette chanson qui descendit un jour dans la rue pour s'y cimenter à jamais.

De ce fait, elle prend place auprès des «grands» de la poésie populaire déjà glorifiés par la postérité: Rictus, Villon, Bruant, Gélinas, Deschamps, Tremblay, Coderre, Vigneault et... quelques autres aussi.

Chansons autobiographiques

LA SERVANTE

Ma servante est une jeune fille
Elle va avoir cinquante ans c'printemps
Elle se tortille le corps
Comme une jeune fille de quinze ans
(turlutage)

Quand je la vois l'dimanche
Avec sa vieille bougrine
Ses deux mains sur les hanches
En s'faisant taper les babines
(turlutage)

Avec ses gros mollets
Pis sa belle taille fine
En vérité je vous le dis
Qu'y s'en fait pus comme Joséphine
(turlutage)

Elle porte une perruque
Elle a le nez cassé
Elle porte un œil de vitre
Pis des dents rapportées
(turlutage)

Elle a un bras coupé
Pis les deux pieds gelés
Elle a d'aut' infirmités
Que j'peux pas vous expliquer
(turlutage)

Elle doit se marier
Vers la fin du mois de mai
Je le plains ce pauvre diable

Qui va donc s'faire embêter
(turlutage)

Et lui le pauvre garçon
Pensant de l'embêter
Afin de se faire vivre
Sans pouvoir travailler
(turlutage)

Quand ça vient pour travailler
Y veut jamais se lever
Il dit: «Ma femme laisse-moé couché
Car j'ai un point dans les côtés»
(turlutage)

Quand ça vient pour le loyer
Y dit: «Monsieur j'peux pas payer
Faites-moi donc ce que vous voulez
Je suis prêt à m'en aller!»
(turlutage)

LA CUISINIÈRE

Je vais vous dire quelques mots
D'une belle cuisinière
Elle soigne ses troupeaux
Comme une belle bergère
Pas bien loin dans les environs
On verra passer des garçons
Des grands et des p'tits
Des gros et des courts
Des noirs et des blonds
Hourrah pour la cuisinière!

Il se présente un amoureux
Avec ses belles manières
Il était si gracieux
En faisant sa prière
Son p'tit cœur débat pour le mien
Pis le mien débat pour le sien
Pis le sien pour le mien
Pis le mien pour le sien
Hourrah pour la cuisinière!

Il se présente un amoureux
Avec un flasque dans sa poche
C'était pour traiter les vieux
Pour pas avoir de reproches
Il faut être à moitié saoul
Pour me dire: «Viens donc mon p'tit loup
Viens donc prendre un coup
Tu vas trouver ça doux!»
Hourrah pour la cuisinière!

Il se présente un amoureux
Mais tout couvert de crasse

Il n'avait tellement épais
J'y voyais pas la face
Je lui dis: «Pousse-toé mon vieux
Sors d'ici vilain paresseux
Va te laver les yeux
Je peux trouver mieux»
Hourrah pour la cuisinière!

Il se présente un p'tit senteux
Qui était pas bête à voir
Il s'fourrait l'nez dans les chaudrons
Ainsi que dans l'armoire
J'ai pris mon manche à balai
J'y ai cassé dessus les reins
Partout sur le corps
J'l'ai sapré dehors
Hourrah pour la cuisinière!

CHANSON DE LA BOURGEOISE

C'était une bourgeoise
Ah! qu'elle était donc mauvaise
Quand sa servante travaillait
Je vous dis qu'elle la watchait
(turlutage)

La servante est si belle
Sa bourgeoise est jalouse d'elle
Quand son mari v'nait dîner
Elle jetait un œil de côté
(turlutage)

Quand elle est pas à la maison
La servante a une belle façon
Si c'est pas avec le laitier
C'est avec le boulanger
(turlutage)

Quand vient les réparations
Elle se matche un beau garçon
Si c'est pas avec le plombier
C'est avec le menuisier
(turlutage)

Quand Madame est en vacances
Dans ce temps-là j'vous dis qu'elle s'lance
Il faut bien se dépêcher
Quand Monsieur vient pour dîner
(turlutage)

Je vous dis la pauv' servante
Dans ce temps-là elle est contente
Il fait rien que l'exciter

[17]

Qu'elle laisse son ragoût brûler
(turlutage)

Et lui qui est content
Il lui pardonne tout le temps
Il la trouve tellement d'son goût
Qu'y s'occupe pas de son ragoût
(turlutage)

Ça faisait presqu'un mois
Que ses amis n'l'voyaient pas
Se sont dit y a pas de bon sens
Il doit y avoir quelque chose là-dedans
(turlutage)

Ses amis ayant appris
Que sa femme était partie
Sont allés à la maison
Je vous dis qu'ç'a pas été long
(turlutage)

En les voyant tous les deux
Ils paraissaient si heureux
C'est lui qui lavait les plats
Pis elle faisait le barda
(turlutage)

Quand la bourgeoise arriva
Ses amis étaient tous là
Je vous dis que ç'a sorti
Par la porte pis les châssis
(turlutage)

En voyant sa femme rentrer
Il est venu tout démanché
La servante de son côté
Je vous dis qu'a s'est poussée
(turlutage)

[18]

LA MORUE

Moé je m'appelle la petite Marie
Je suis née dans l'fond de la Gaspésie
Du poisson, j'vous dis que j'en ai mangé
Qu'il m'en est resté des arêtes dans l'gosier

REFRAIN

D'la morue, des turlutes pis du hareng
Des bons petits gaux, du flétan, des manigaux
S'il y en a parmi vous qui aimez ça
Descendez à Gaspé vous allez en manger

Il y a bien longtemps que j'suis partie de d'là
Jamais de la vie j'pourrai oublier ça
Il y avait un garçon, là, que j'aimais bien
Je vais vous le nommer, c'est Germain l'Foin

Il était bien grand, il mesurait sept pieds
Il avait la tête comme une brosse à plancher
Ça c'était du monde, parlez-moé donc d'ça
J'le faisais danser pour une chique de tabac

J'vous dis que j'ai eu peur en partant de d'là
Quand j'ai pris les chars pour Matapédia
Qui qui vient s'assir aux côtés de moé
C'était un petit nain qui bégayait

Bon bon bon bon, bonjour ma jeune fille
Cherchez, cherchez, cherchez-vous un p'tit mari
Voilà-t-y pas la peur qui m'a pris
J'ai sacré le camp à travers du châssis

J'avais pas mangé tout le long du ch'min
La peur que j'avais eue m'avait ôté la faim

[19]

Rendue à Montréal, j'entre dans un café chinois
J'étais pas plus avancée, j'comprenais pas rien

Chin chin et chin, makao pis makoine
Je lui fais signe en lui montrant la cuisine
Voilà le Chinois qui comprend que j'avais faim
M'apporte d'la soupe aux pois, du beurre et pis du pain

QUAND J'AI EU MES VINGT ANS

Quand j'ai eu mes vingt ans
Un jour je dis à mouman
C'est le temps de m'déniaiser
Si je veux me marier
(turlutage)

La campagne j'ai laissé
À Montréal je suis allée
Je vous dis qu'ç'a pas été long
J'ai connu un beau garçon
(turlutage)

Il m'invite à souper
Chez un Chinois il m'a amenée
Pour manger du chop suey
Et pis ça sentait la laundry
(turlutage)

Après y m'dit: «Mam'zelle
Voulez-vous venir danser
Des quadrilles, des cotillons
Des gigues pis des rigodons?»
(turlutage)

Il m'amène au cabaret
Du monde j'vous dis qu'y en avait
J'me suis fait tellement tasser
Que j'étais toute dérinchée
(turlutage)

J'étais scandalisée
De les voir se fortiller
Du *shimmy,* du *charleston*

Du *cucaracha*, du *black-bottom*
(turlutage)

Les pieds tout en compote
J'ai rentré à la maison
En arrivant à la porte
Il m'a pris par le menton
(turlutage)

Comme il prenait l'devant
Bien plus vite qu'un habitant
À peine qu'il me connaissait
Il me dit qu'il m'adorait
(turlutage)

Et avec une belle manière
Y essayait de m'faire accroire
Qu'il y aurait pas de danger
Si je me laissais embrasser
(turlutage)

On dit que je suis niaise
Mais ça pourtant je l'sais
Quand on joue avec la fournaise
On finit par se brûler
(turlutage)

Chez moi j'suis retournée
J'étais pas plus avancée
J'aime bien mieux un habitant
Car ils prennent pas le mors aux dents
(turlutage)

ARRÊTE DONC, MARY!

(Duo enregistré avec Jean Grimaldi)

LUI

Dis-moi donc ma p'tite Mary
Que'qu't'attends pour me marier
Depuis qu'on est fiancés
J'arrête pas de soupirer

ELLE

Avant d'penser au mariage
T'as besoin d'trouver d'l'ouvrage
Tant que tu s'ras pas engagé
Je continuerai à chanter!
(tyrolienne)

LUI

Pour l'amour je t'en supplie
Arrête-toé d'pousser des cris
C'est assez pour faire accrère
Qu'on est rendus à l'abattoir!

ELLE

Si tu trouves qu'c'est achalant
T'as rien qu'à saprer ton camp
J'étais tannée de turluter
C'est pour ça que j'ai changé
(tyrolienne)

LUI

T'as pas l'air à te douter
Qui a des voisins qu'à côté

Si la police vient qu'à passer
Tu vas nous faire arrêter!

ELLE

Pour une fois t'as bien parlé
Si ça pouvait arriver
D'la soupane on va en manger
On l'aura à bon marché!
(tyrolienne)

LUI

Ta mère était pas correcte
J'aime bien mieux l'secours direct
Si tu continues à crier
Je finirai par me pousser!

ELLE

Pas besoin de t' décourager
Car je fais rien que commencer
Le premier jour de not' mariage
Je te souhaite beaucoup d'courage!
(tyrolienne)

LUI

Je pense pas que ce jour-là
T'auras l'temps d'crier comme ça
Pour fêter ce jour heureux
Je vais te boucher les deux yeux!

ELLE

Mon p'tit homme commence pas
À t'exciter le pleumas
Si tu lèves la main sus moé

J'vais faire un streigt avec toé!
(tyrolienne)

LUI

Oublie pas, ma p'tite Mary
Que l'homme a été créé
C'est nous qui sommes les plus forts
Et qu'la femme a toujours tort!

ELLE

Si c'est ça tu vas l'prouver
Après qu'on sera mariés
Pour battre les jumelles tu sais
T'as besoin de te planter!
(tyrolienne)

FRICASSEZ-VOUS

Je suis une bonne femme de ménage
Mon vieux a rien à m'reprocher:
Oh! des couteaux, des fourchettes
Des casseroles, des chaudrons
Mais fricassez-vous!
(turlutage)

Mon vieux a rien à m'reprocher
Je passe mon temps à faire à manger:
Oh! des grillades, des gortons
De belles crêpes, des tourtières, des ragoûts
Mais fricassez-vous!
(turlutage)

Quand vient la journée du lavage
Ah! je vous dis qu'c'est embarrassé:
Oh! les cuvettes, le linge sale, les laveuses
Le savon, l'eau de javel
Mais fricassez-vous!
(turlutage)

Quand vient le temps du rac'modage
Des trous à boucher, j'suis découragée:
Oh! les chaussons, les mitaines, les boutons
Les bavettes
Mais fricassez-vous!
(turlutage)

Quand vient le premier de mai
Ça c'est des choses qu'faut pas négliger:
Oh! les rideaux, les portières, les couchettes
Les sommiers, les armoires, les coquerelles
Oh! fricassez-vous!
(turlutage)

Maintenant que j'ai tout fini
Mais qui qui rentre c'est mon mari:
Oh! de beaux becs, des pincettes...
(turlutage)
Fricassons-nous!
Ah! que j'aim'ça quand ça fricasse
(turlutage)

MON VIEUX EST JALOUX

Mon vieux est jaloux ah! oui je le sais ben
Y dit que j'm'occupe du gars du voisin
Mais tu sais ben mon vieux ah! que j'tente pas dessus
Y a les rhumatismes et il est tout tordu
(turlutage)

Je ne suis pas comme Ève aller chez le voisin
Manger une pomme qui est dans le jardin
On dit que j'suis belle qu'y essaie pas à m'avoir
Les jeunes comme les vieux je vous dis qu'y sont vlimeux
(turlutage)

Par un beau matin mais qui qui rentre soudain
C'était mon laitier avec un gallon de lait
Quand il a vu mon mari il est venu tout étourdi
Il a eu tellement peur que son lait a r'viré en beurre
(turlutage)

Quand vient le boulanger avec son habit empesé
J'ôte mon tablier pis j'commence à me friser
S'il ne sentait pas les oignons je lui f'rais une belle façon
Mon mari a l'nez si fin je vous dis qu'y sent de loin
(turlutage)

Voulez-vous que je vous dise quel est mon seul agrément
Le jour quand je suis seule c'est de prendre mon
    instrument
On dit que les femmes ont des caprices et des défauts qui
    louchent
Moé le soir quand je me couche j'essaie de jouer d'la
    bombarlouche
(turlutage)

[28]

J'suis une femme de renom et je compose mes chansons
Veuillez m'excuser car c'est pour nous amuser
Mais vous savez dans le fond mon mari c't'un bon garçon
Et moi de mon côté on n'a rien à me reprocher
(turlutage)

LA CÔTE-NORD

Depuis l'hiver dernier
J'ai fait plusieurs comtés
J'ai chanté ici et là
Dans notre beau Canada
(turlutage)

On m'a fait passer pour morte
Et aussi emprisonnée
C'est parce que j'ai pas voulu
Et me laisser encorner
(turlutage)

Ceux qui m'entendent chanter
Viennent toujours m'féliciter
Me disant de faire mon ch'min
Et laisser faire les bons à rien
(turlutage)

On m'appelle ma tante Édouard
Et que j'ai l'sorcier dans l'corps
Quand j'commence à turluter
Y'a pus moyen de m'arrêter
(turlutage)

J'ai traversé la Côte-Nord
Je m'suis fait brasser le corps
Sur le bateau *Marco-Polo*
Comme une patate dans un sabot
(turlutage)

J'ai attrapé le mal de mer
Que j'en voyais pus clair
Les poissons que j'avais mangés

L'ont profité pour se sauver
(turlutage)

Pour piquer au plus court
Je n'voulais pas faire le tour
Dans le sable que je marchais
J'en avais jusqu'aux jarrets
(turlutage)

Mais pour finir mon histoire
Voilà l'tonnerre et les éclairs
J'avais assez peur de m'noyer
Que j'pensais plus à turluter
(turlutage et musique)

DANSE EN SOULIERS DE BŒU

V'là l'automne qu'est arrivé
Il faut bien s'encabaner
Et comme c'est bien ennuyant
On f'ra une veillée de temps en temps

REFRAIN

Moi je jouerai du violon
Puis j'danserai des rigodons
Je f'rai pas comme à Cuba
Danser le rhumba sus mes bas

Quand Manda danse l'rhumba
A s'garroche ici et là
J'aim' mieux danser comm' les vieux
Une gigue à deux en souliers de bœu!

Son père va att'ler ta grise
On va veiller chez Moïse
Oublie pas ta peau d'carriole
Pour abrier ta filleule

T'es bien mieux d'aller t'changer
Y va avoir des étrangers
Calle des beaux sets canadiens
Puis swing' la baquaise dans l'coin

Comme je suis une Gaspésienne
Je vas mettre mes beaux bas d'laine
Puis mes bottines boutonnées
Avec ça je vas giguer

Et j'habillerais ma fille
Avec l'étoffe du pays

Avec sa nouvelle bougrine
Avec ça a va avoir l'air fine

Parlons donc de ma cousine
J'vous dis qu'elle a les pattes fines
Quand elle danse une danse carrée
Elle a d'l'air d'une araignée

Et j'ai mon petit garçon
Qui joue bien l'accordéon
Ma p'tite fille joue du piano
Puis mon mari joue des os

REFRAIN (2)

Et puis moé je joue l'violon
Puis je danse le rigodon
Je f'rai pas comme à Cuba
Danser le rhumba sus mes bas

Je vous dis que l'lendemain
On avait mal dans les reins
On avait tell'ment dansé
Qu'on était tout dérinchés

REFRAIN (3)

J'avais joué trop de violon
Pis dansé des rigodons
J'ai pas fait comme à Cuba
Danser le rhumba sus mes bas

LA GASPÉSIENNE PURE LAINE

Oui tous les pays du monde
Étaient tous représentés
Pour fêter nos joies profondes
L'arrivée de Jacques Cartier

La Gaspésie c'est mon pays
Et j'en suis fière, je vous le dis! *(bis)*

Les Gaspésiens, j'vous assure
Font les choses avec honneur
Les pêcheurs et leur créature
Ont prouvé qu'ils avaient du cœur

Quand il s'agit du Canada
Les gens d'Gaspé sont un peu là! *(bis)*
Oui pour fêter le Canada
Les Gaspésiens sont un peu là!

C'est ici que sur nos côtes
Jacques Cartier planta la croix
France ta langue est la nôtre
On la parle comme autrefois

Si je la chante à ma façon
J'suis Gaspésienne et pis j'ai ça d'bon! *(bis)*

Tout partout dans nos villages
On reçoit l'hospitalité
Il y a pas de plus beaux paysages
Que ce pays à chanter

J'suis Gaspésienne, mes bons amis
Et quand je suis loin, je m'ennuie! *(bis)*

L'on voit partout sus les grèves
Les bateaux et les filets

Et quand les pêcheurs s'en viennent
On mange du bon poisson frais

Mes bons amis, j'en ai mangé
Comme vous voyez j'ai profité
Comme vous voyez, j'suis en bonne santé! *(bis)*

Quand ils s'en vont à la drive
Vers les deux heures du matin
Pour aller pêcher du squid
Pour la «bouette» du lendemain

Et youppe et youppe et youppe mon gars
Ça mord-tu dans ce coin-là?
Et youppe et youppe et youppe mon gars
Ça mord-tu ou ça mord pas?

Dans les familles gaspésiennes
Des p'tits pêcheurs il y en a
On n'a pas ça à la demi-douzaine
Mais deux à la fois, ça finit là!
Mes bons amis, je connais ça
J'ai eu cinq filles et sept p'tits gars

Et pour peupler le Canada
Les Gaspésiennes sont un peu là!

Partout l'on parle de la guerre
Mais il faut pas s'énerver
Car les fusils de nos grands-pères
Seront tous là pour tirer

Si Jacques Cartier avait su ça
Y s'rait resté au Canada *(bis)*

Mes amis, cette romance
Pour vous je l'ai composée
À mon cœur plein d'espérance
Sur le bord de l'eau salée

Chantons chantons en ce beau jour
Ma Gaspésie et mes Amours

Chantons chantons en ce beau jour
Mon vieux Québec et mes Amours!

LES SOUFFRANCES DE MON ACCIDENT

Depuis mon accident
J'ai pas fait d'chansons nouvelles
Comme *J'ai eu mes vingt ans*
Ou bien *Les cinq jumelles*
J'en arrache et en souffrance
Avec mes assurances
Maintenant écoutez ça
C'est la chanson des avocats
(turlutage)

Quand j'ai eu mon accident
J'ai pris un avocat
Y m'dit: «Ça prendra pas d'temps
Vous allez gagner cette cause-là!»
Ça fait deux ans passés
Qu'mon procès a commencé
Si ça continue comme ça
Ça va aller tout aux avocats
(turlutage)

Tous les autres ont été payés
Et pis moé y voulaient pas
Le procès a continué
Pour retirer cet argent-là
Car ils en ont profité
Que j'étais malade comme ça
Pour se servir les premiers
Pis ils ont tous pigé dans l'tas
(turlutage)

Y en a un qui m'doit d'l'argent
Et pis quand j'allais le voir
Il me disait en pleurant

Que ça allait mal dans les affaires
C'est un homme qui s'est placé
Parce qu'il y a déjà un an
Aussitôt l'argent retiré
Il s'est ouvert un restaurant
(turlutage)

Quand j'suis sortie de l'hôpital
J'étais faible en souffrance
Pis j'vous dis que ça allait mal
Avec mes assurances
J'vous assure j'en ai arraché
Car une chance que j'avais d'l'argent
Sur eux autres si je m'étais fiée
Je serais morte de faim depuis longtemps
(turlutage)

Il n'est pas d'auteur qui ne se livre un tant soit peu dans ses écrits puisqu'on ne peut vraiment bien exprimer que ce que l'on a vécu soi-même. Cette intarissable parolière ne pouvait, par conséquent, se soustraire à cette forme de confidence dans ses premières chansons comme dans sa toute dernière: Les souffrances de mon accident.

Cette autobiographie en chansons débute par une trilogie descriptive réunissant des titres comme: La servante, La cuisinière *et la* Chanson de la bourgeoise.

Dès l'âge de treize ans, cette petite Gaspésienne fort délurée quitte les siens pour venir gagner son pain à Montréal, comme servante chez une bourgeoise du carré Saint-Louis. Certes, la servante de la chanson n'est pas tout à fait Mary Travers mais plutôt le portrait caricatural d'une camarade, d'une connaissance ou peut-être d'une certaine bourgeoise, alors que dans La cuisinière *il est permis de croire que les traits de plusieurs personnes sont réunis dans ce personnage. Fait certain, servante, elle l'a été à temps plein... servante et cuisinière à la fois: cuisinière au temps de son célibat comme dans son rôle de mère d'une famille nombreuse. Et que penser aussi de l'évocation d'un plombier dans l'un des couplets du troisième titre?*

La morue

Dans cette chanson, elle évoque ses souvenirs d'enfance tout en se faisant l'ambassadrice de sa terre natale: «Descendez à Gaspé vous allez en manger.»

[39]

Quand j'ai eu mes vingt ans

Ici, un changement de décor s'opère puisque la «petite Mary» devient de plus en plus citadine. On trouve également une nouvelle mention du restaurant chinois qui semble avoir été une découverte pour l'adolescente de Newport: «Et puis ça sentait la laundry.» Le Montréal de cette époque-là offrait encore dans plusieurs quartiers des blanchisseries domiciliaires tenues par des Chinois qui faisaient peur aux enfants, avec ou sans la papillote remise à chaque client.

Dans ce texte figurent aussi les danses sociales alors en vogue en cette aube des années folles:

J'étais scandalisée
De les voir se fortiller

Nécessairement, puisque ces danses étaient interdites aux jeunes filles de bonne famille.

Et quand elle a eu ses vingt ans, elle a dit à sa mère: «C'est le temps de m'déniaiser si je veux me marier.» En effet, elle venait d'avoir vingt ans quand, le 17 août 1914, elle épouse Édouard Bolduc, plombier de son métier.

La Côte-Nord

Cette chanson constitue l'exemple même de ce qui aurait pu être son journal de bord. Avec son humour habituel, elle riposte de belle façon à certains détracteurs, consciente que son succès, aussi inusité que percutant, ne pouvait que susciter certaines jalousies et incommoder certains milieux pour lesquels elle n'est qu'une artiste vulgaire et négligeable.

Ses biographes ont déjà raconté la périlleuse aventure du Marco Polo à bord duquel elle faillit sombrer dans les eaux tumultueuses du fleuve Saint-Laurent, au large de Rimouski, lors d'une tournée sur ladite côte en 1931.

Danse en souliers de bœu

La «*Manda*» *dont il est question, c'est assurément celle à qui nous pensons, la comédienne Manda Parent qui, à ses débuts, fit plusieurs tournées avec la troupe de La Bolduc et pour laquelle Mary avait beaucoup d'amitié et d'admiration.*

La Gaspésienne pure laine

Avec cette chanson, elle aura vanté les charmes de sa Gaspésie mieux que quiconque. En l'occurrence, la chansonnière s'efface presque devant l'historienne. Elle fut inspirée en cela par les grandes fêtes du quatrième centenaire de l'arrivée à Gaspé du découvreur Jacques Cartier, qui eurent lieu en 1934.

Dépourvue de tout chauvinisme et de tout esprit partisan, La Bolduc a chanté son pays avec une foi patriotique admirable. Dans le genre, on n'a jamais fait mieux, et il s'agit là d'une belle et grande chanson.

Chansons d'actualité

ÇA VA VENIR DÉCOURAGEZ-VOUS PAS

Mes amis je vous assure
Que le temps est bien dur
Il faut pas s'décourager
Ça va bien vite commencer
De l'ouvrage y va en avoir
Pour tout le monde cet hiver
Il faut bien donner le temps
Au nouveau gouvernement

REFRAIN

Ça va venir pis ça va venir
Mais décourageons-nous pas
Moé j'ai toujours le cœur gai
Et j'continue à turluter
(turlutage)

On se plaint à Montréal
Après tout on n'est pas mal
Dans la province de Québec
On mange à l'eau not' pain sec
Y a pas d'ouvrage au Canada
Y en a bien moins dans les États
Essayez pas d'aller plus loin
Vous êtes certains de crever d'faim

Ça coûte cher de c'temps ici
Pour se nourrir à crédit
Pour pas qu'ça monte à la grocerie
Je me tape fort sur les biscuits
Mais j'peux pas faire de l'extra
Mon p'tit mari travaille pas
À force de me priver d'manger
J'ai l'estomac ratatiné

[45]

Me voilà mal emmanchée
J'ai des trous dans mes souliers
Mes talons sont tout d'travers
Et puis le bout qui r'trousse en l'air
Le dessus est tout fendu
La doublure toute décousue
Les orteils m'passent à travers
C'est toujours mieux que pas en avoir

Le propriétaire qui m'a loué
Il est bien mal emmanché
Ma boîte à charbon est brûlée
Et puis j'ai cinq vitres de cassées
Ma lumière disconnectée
Et mon eau est pas payée
Y ont pas besoin de v'nir m'achaler
M'a les sacrer en bas d'l'escalier

LES CINQ JUMELLES

À Calender, Ontario
Ils sont forts sus les jumeaux
Ça prend une bonne Canadienne
Pour avoir ça à la d'mi-douzaine
Hi ha ha les gens du Canada
Marchent de l'avant comme des braves soldats!

Ça prend un cultivateur
Pour avoir autant d'ardeur
Et une mère bien décidée
Pour donner l'jour à cinq poupées
Hi ha ha les gens du Canada
Marchent de l'avant comme des braves soldats!

J'vous dis que dans c'te famille-là
D'la misère il y en a pas
La dépression s'est envolée
Quand les jumelles sont arrivées
Hi ha ha les gens du Canada
Marchent de l'avant comme des braves soldats!

Quand les Fêtes ont commencé
Le Père Noël s'est découragé
Y a trouvé que dans une année
La famille avait augmenté
Hi ha ha les gens du Canada
Marchent de l'avant comme des braves soldats!

J'veux parler du docteur
Ça ce n'est pas un chômeur
Il travaille l'jour et la nuit
Pour avoir soin des petits
Hi ha ha les gens du Canada
Marchent de l'avant comme des braves soldats!

[47]

L'hôpital qu'il a construit
Est rempli de bons p'tits lits
Espérant qu'l'année prochaine
Viendra l'autre demi-douzaine
Hi ha ha les gens du Canada
Marchent de l'avant comme des braves soldats!

Je souhaite à ces parents
De vivre encore bien longtemps
Des bons Canadiens comme ça
Y sont bien rares au Canada!
Hi ha ha les gens du Canada
Marchent de l'avant comme des braves soldats!

Mais depuis qu'c'est arrivé
Les garçons veulent s'marier
Les jeunes filles les regardent d'travers
Elles disent: «Assaye pas à m'avoir!»
Hi ha ha les gens du Canada
Marchent de l'avant comme des braves soldats!

Si un garçon qui veut s'marier
C'est à lui de se planter
If you wish me in your arms
Come and... see me sometimes
Hi ha ha les gens du Canada
Marchent de l'avant comme des braves soldats!

L'ENFANT VOLÉ

(Sur la musique de *La légende des flots bleus*)

Le monde entier se révolte et s'alarme, en ce moment
Devant la douleur d'une pauvre femme, pleurant son
    enfant
Des ravisseurs, brutes à face humaine
Sans hésiter
Pour un peu d'argent, ces énergumènes
L'ont enlevé
Prirent le pauvre enfant
Qui dormait tranquillement
Partirent aussitôt sans même laisser de trace
Et toujours elle entend cette plainte qui l'agace
Maman!
Maman!
Et là-bas dans les airs, l'aigle fendant l'espace
Cherchant des ravisseurs à retrouver la trace

Tristes bandits
Qui venez dans la nuit
Briser ainsi le cœur des malheureux
Prenez bien garde le Ciel dans sa fureur
Vous punira un jour pour ces malheurs!

Il était là rayonnant de jeunesse, cet ange blond
Vivant choyé, entouré de caresses comme l'aiglon
Mais les vautours qu'aucun crime n'arrête, ces assassins!
S'emparèrent du pauvre petit être, triste destin!
Prirent l'enfant dans son lit
Leur forfait accompli
S'en allèrent sourdement, disparaissant dans l'ombre
Pendant que les parents cherchaient sur terre et l'onde
Pitié!
Pitié!

Et là-bas, tout là-bas, la foule s'achemine
Elle cherche à chaque pas à découvrir le crime

Mères à genoux!
Priez, suppliez Dieu
De mettre fin au cauchemar affreux
Et surtout veillez bien sur vos enfants
Qu'ils échappent au sort de cet innocent!

TOUJOURS L'R-100

Viens-tu avec moé son père
On va aller à Saint-Hubert
Va donc att'ler ta jument
Et on va aller voir l'R-100
Mais regarde-moé donc, Tit-Noir
T'as mis ta ch'mise à l'envers
Il y a un trou dedans
Qu'est aussi grand que l'R-100

REFRAIN

J'vais te changer d'nom Tit-Jean
Pis j'vas t'appeler l'R-100
Tit-Rouge l'R-100
Tit-Gus l'R-100
Tit-Pit l'R-100
Moé j'trouve qu'ç'a du bon sens
C'est les culottes l'R-100
Les pyjamas l'R-100
Brassières l'R-100
Jarretières l'R-100
Tout l'monde parle de l'R-100!

Mais voilà tu ouwais pus clair
Tes culottes sont d'vant-derrière
Quand même qu'on est habitants
Faut montrer qu'on a du bon sens
Va donc mettre ton Prince-Albert
Pour aller à Saint-Hubert
On partira le cœur content
Pareils comme deux jeunes amants

Ma belle-mère qui est en arrière
Avec sa vieille tabatière

Regarde-moé donc son jupon blanc
A va l'perdre en s'en allant
Mais rendue à Saint-Hubert
Voilà son jupon par terre
C'est le garçon de Vincent
Qui l'a pris pour s'moucher d'dans

C'est la vieille fille engagère
Avec les yeux r'virés à l'envers
Ça faisait presque un an
Qu'a t'nait ses gaz pour l'R-100
Un ami de Saint-Hubert
Avec son nez r'troussé en l'air
Y dit à son ami Jean
Tu trouves pas qu'a sent l'hareng

Ma belle-sœur à Saint-Hubert
Qui fortillait comme un ver
Tout d'un coup a voit l'R-100
Voilà qu'a veut sauter d'dans
Quand elle a vu mon beau-frère
La voilà les pattes en l'air
Son corset r'volait au vent
Je pensais que c'était l'R-100

SANS TRAVAIL

Depuis qu'que temps c'est effrayant
On se plaint du gouvernement
On nous promet plus d'beurre que d'pain
Avec ça on avance à rien
Nos députés sont assemblés
Afin de pouvoir discuter
Alors au lieu de nous aider
Ils ne font que se chamailler

REFRAIN

Mais dans tout ça les plus affreux
Ce sont les chefs si malheureux
Pas d'argent pour les faire soigner
On finit par les enterrer
(turlutage)

Après pour se réconcilier
Ils s'en vont prendre un bon dîner
Tandis que nous les travaillants
On s'serre la ceinture de temps en temps
Quand on se plaint à ces messieurs
Ils nous disent que ça va aller mieux
Que bientôt nous pourrons donner
À nos enfants du pain' manger

Quand on s'présente pour travailler
Dans les usines et les chantiers
Les Canadiens sont délaissés
On n'engage que des étrangers
Parce qu'ils se donnent meilleur marché
Ils nous empêchent de travailler
Alors un jour on comprendra
Que nous souffrons pour ces gens-là

[53]

Mais y ont fini de nous bourrer
De belles promesses nos députés
Que ça va pas si mal que ça
Moi je vous dis qu'au Canada
On voit nos braves Canadiens
Leurs pauvres enfants se meurent de faim
On en voit passer dans la rue
Un pied chaussé pis l'autre nu

Leur pauvre père pour ménager
D'la soupe aux pois s'en va manger
Heureusement qu'au Canada
Y a des gens qui s'occupent de ça
Rentrant le soir fatigué
De chercher d'l'ouvrage toute la journée
À sa femme dit découragé:
«Encore une fois j'ai rien trouvé»

L'OUVRAGE AUX CANADIENS

Nos Canadiens sont tous rassemblés
Dans les manufactures et pis sur les chantiers
Ils cherchent de l'ouvrage y peuvent pas en trouver
Encouragez-vous ça ne fait rien que commencer

REFRAIN

C'est à Montréal qu'il y a des sans-travail
C't'effrayant d'voir ça les gens qui travaillent pas
C'est pas raisonnable quand il y a de l'ouvrage
Que ce soit les étrangers qui soient engagés

Notre grand-ville est remplie d'émigrés
Nos Canadiens peuvent plus les supporter
Si ça continue il va falloir quêter
Avec une poche sus l'dos et pis un p'tit panier

Un bon Canadien ça vaut trois émigrés
Et pis ça s'adonne qu'ont pas peur de travailler
Au pic à la pelle ça les dérange pas
Pour peupler le Canada j'vous dis qu'y sont un peu là

On s'occupe de l'hygiène et du bureau d'santé
On s'couche pas par dizaine dans une chambre à
  coucher
On s'nourrit pas à l'ail et au baloney
C'est pour ça que ces gens-là chargent meilleur marché

C'est aux employeurs que je m'adresse maintenant
Prenez un Canadien et vous serez contents
Ils sont bien honnêtes aussi bien travailleurs
Ils nous font honneur et j'vous dis qu'ils ont du cœur

Nos jeunes gens d'aujourd'hui ne veulent pas se marier
Ils trouvent que ça coûte trop cher pour faire vivre leur
  moitié
Et nos Canadiennes de leur côté
Vont rester vieilles filles et mourir enragées

LES COLONS CANADIENS

En voyageant en auto
Dans la province d'Ontario
J'ai écrit quelques refrains
Pour vous mettre le cœur en train
Laissez-moé vous dire d'abord
Que j'ai fait bien des efforts
Et en disant Kapuskasing
Je m'suis mordu les babines
(turlutage)

L'autre jour quand j'suis allée
J'ai été voir monsieur le curé
Il était de bonne humeur
Ça m'a mis la joie au cœur
Malgré qu'il y a du chômage
Les colons sont pleins d'courage
La terre est pas défrichée
Que la famille a augmenté
(turlutage)

Un p'tit conseil en passant
Je m'adresse aux habitants
Apprenez à vos enfants
De respecter les parents
Moi j'suis une bonne Canadienne
Car j'en ai eu une douzaine
Mais cela n'm'a pas empêchée
De continuer à turluter
(turlutage)

Si vous voulez vous marier
Laissez-vous pas enjôler
N'allez pas chercher plus loin

Prenez un beau Canadien
C'est grâce à notre clergé
Si le français est resté
Et tant qu'ça existera
Hourrah pour le Canada!
(turlutage)

NOS BRAVES HABITANTS

C'est aux braves habitants
Que je m'adresse maintenant
(turlutage)
Quittez jamais vos campagnes
Pour v'nir rester à Montréal
(turlutage)
Dans des grand'villes comme ça
De la misère il y en a
(turlutage)
Et surtout cet hiver
Y en a qui mangent du pain noir
(turlutage)

Nos habitants sont contents
De voir arriver l'printemps
(turlutage)
Avec leur femme et leurs enfants
S'en vont travailler aux champs
(turlutage)
De l'orgueil il n'y en a pas
Ah! parlez-moé donc d'ça
(turlutage)
Quand l'hiver est arrivé
Ils ont que'que chose pour manger
(turlutage)

Leur cave et leurs armoires
Sont remplies de provisions d'hiver
(turlutage)
À part de ça ils ont d'l'argent
Y ont pas besoin d'la Saint-Vincent
(turlutage)
Écoutez-moé mes amis

Oùsque vous êtes restez-y
(turlutage)
Des gens qui crèvent de faim
Montréal en a déjà plein
(turlutage)

Gardez vos enfants chez vous
Pour faire des habitants comme vous
(turlutage)
C'est mieux que d'courir les rues
Et d'passer leur temps aux p'tites vues
(turlutage)
Tout en cultivant leurs champs
Ils développent leur talent
(turlutage)
C'est avec ces gens-là
Qu'a prospéré not' Canada
(turlutage)

TOUT LE MONDE A LA GRIPPE

On a une épidémie
Car tout le monde sont grippés
Y en a pas de mes amis
Qu'ont pas la grippe c't'année
Tous les magasins de quinze cents
Y font d'l'argent comme de l'eau
Les mouchoirs c'est à douzaine
Pour ceux qui ont le rhume de cerveau
(atchoum-turlutage)

Ça commence par un frisson
Pis ensuite vous éternuez
Là vous l'avez pour de bon
C'est le temps de vous faire soigner
Un p'tit gin pis du citron
Avec ça vous allez suer
Évitez les courants d'air
Pour pas mourir les pattes en l'air
(atchoum-turlutage)

Si vous v'nez qu'à rempirer
Frottez-vous avec de l'huile camphrée
Si vous avez mal au cœur
Prenez une dose de pinkeller
Si vous avez peur d'la mort
Prenez une dose d'huile de castor
Avec tous ces conseils-là
Vous aurez pas l'influenza
(atchoum-turlutage)

Moé pis mon mari
On est allés faire du ski
Et rendus au mont Tremblant

Y faisait froid c'est effrayant
J'avais la face comme une forçure
Pis le bout du nez g'lé dur
Je vous dis que ça c'est pas rose
Quand on a un *brandy nose*
(atchoum-turlutage)

Faut s'habiller bien chaud'ment
Si on veut pas attraper ça
L'hiver c'est un mauvais temps
Pour les rhumes d'estomac
Dans le mois de février
La plupart y sont grippés
Mais rendus au mois de juin
D'aut' attrapent la fièvre des foins
(atchoum-turlutage)

LA GROCERIE DU COIN

À la grocerie du coin
Ça fait bien mieux l'affaire
Quand on est pressé
On n'a rien qu'à traverser
À la grocerie du coin
On n'a jamais d'misère
Quand on est cassé
Sont là pour nous avancer
(turlutage)

Il y a des groceries
Qui vendent meilleur marché qu'ailleurs
Mais il faut toujours d'l'argent
Pour leur payer ça comptant
Dans le courant de l'hiver
Si not' mari est à rien faire
Soyez assurés
Qui voudront pas nous avancer
(turlutage)

Ceux qui coupent les prix
Ne veulent pas vendre à crédit
Faut regarder la pesée
Y a des fois qu'on se fait jouer
Pour tâcher de nous distraire
Ils nous comptent une p'tite histoire
Quand ils voient qu'on les r'garde pas
C'est dans c'temps-là qu'on s'fait jouer ça
(turlutage)

Quand on cherche le bon marché
C'est là qu'on s'fait embêter
Sus les tomates et les p'tits pois

Ça donne le brûlement d'estomac
Du blé d'Inde, du spaghetti
On vient l'cœur tout englouti
On est mieux d'payer plus cher
Pis avoir que'que chose qu'on digère
(turlutage)

Mes amis je vous en prie
Si vous achetez à crédit
Si on vous demande de l'argent
Montrez-vous pas indifférents
On paie un peu plus cher
Mais ça fait bien mieux l'affaire
Quand on achète le bon marché
On risque de s'empoisonner
(turlutage)

GÉDÉON AMATEUR

L'aut' jour j'ai rencontré
Le petit Gédéon
Je lui dis: «T'es bien pressé
Où vas-tu mais dis-moé donc?»
«À la Commission d'liqueurs
Pour chercher un p'tit flacon!»
Hou hou hou hou hou hou
J'vous dis qu'c'est bon

Quand l'soir est arrivé
J'vous assure qu'était paqueté
J'suis allée dans une veillée
Y faisait rien que m'achaler
Y m'disait toujours: *«I love you»*
Et pis moé et pis moé et pis moé et pis moé
Et pis moé itou
Hou hou hou ha ha
You bet mon chou

Quand le lendemain est arrivé
J'vous assure qu'était brisé
Je lui dis: «Le lendemain d'la veille
Tu sais bien comment ce que c'est»
Around, round I goes
Where I stop, nobody knows
Hou hou hou hou hou *all right all right*

Aux soirées d'amateurs
Y a été voir le directeur
Y a fait application
Pour faire des imitations
Et sa spécialité

C'est d'imiter Bing Crosby
(sifflement)

Si vous jouez du violon
Musique à bouche d'l'accordéon
La guitare, le piano
Saxophone ou le banjo
Des histoires, des chansons
Et de la récitation
Hou hou hou hou faites donc comme Gédéon

Si vous faites bien l'affaire
Vous deviendrez populaire
Des engagements vous en aurez
Bien plus que vous en voudrez
Aux postes CFCF, CHRC, CHLP
Hou hou hou hou hou hou
Pis CKAC

MADEMOISELLE, DITES-MOI DONC?

(Duo enregistré avec Ovila Légaré)

LUI

Mademoiselle, ah! dites-moi donc
Si c'est du coton ou ben d'la flanelle
Mademoiselle, ah! dites-moi donc
Si c'est du coton qui est à vot' jupon?

ELLE

Et vous Monsieur, mais dites-moi donc
Si c'est des cordons ou ben des bretelles
Et vous Monsieur, mais dites-moi donc
Si c'est des cordons qui tiennent vos pantalons?

LUI

Mademoiselle, ah! dites-moi donc
Si c'est du jambon ou ben de la cervelle
Mademoiselle, ah! dites-moi donc
Si c'est du jambon qui bouille dans vot' chaudron?

ELLE

Et vous Monsieur, vous êtes curieux
C'est pas du jambon qu'est dans mon chaudron
Je vas vous le dire vieux cornichon
C'est d'la cervelle de vieux garçon

LUI

Mademoiselle, ah! dites-moi donc
V'nez-vous de Boston ou de Montréal
Mademoiselle, ah! dites-moi donc
Vous avez l'air d'une fille qu'a perdu la raison

ELLE

Et vous Monsieur, mais dites-moi donc
V'nez-vous de Sorel ou bien de Sainte-Adèle
Et vous Monsieur, mais dites-moi donc
V'nez-vous des chantiers ou bien des concessions?

LUI

Mademoiselle, r'gardez-vous donc
Avec votre nez long, vos yeux à la coque
Mademoiselle, regardez-vous donc
Vous avez l'air d'une fille qu'est née dans un cruchon

ELLE

Et vous Monsieur, mais dites-moi donc
Vous avez le visage comme un vrai citron
Et vous Monsieur, regardez-vous donc
J'vous dis vous avez l'air d'un vrai chausson!

Une chanson cesse d'être considérée comme art mineur lorsqu'elle grave dans le granit du temps ses fresques historiques et devient susceptible d'atteindre à l'immortalité. Cinquante ans après sa création, le répertoire de La Bolduc se consulte déjà comme un album de notre histoire, chacun de ses titres modulant une actualité renouvelée.

Et dans cinquante ans? Musicologues et recherchistes évoqueront encore ses chansons, les annales de la postérité où elles s'inscrivent peu à peu à demeure les ayant préservées des fuites de l'oubli.

Ça va venir découragez-vous pas!

Actualité renouvelée? Fort précisément, puisqu'en ce début de 1992, dans nos journaux, à la radio comme à la télévision, on parle encore de récession, de chômage, de mises à pied, de gel de salaires, de bien-être social, alors que des économistes et des politiciens en quête de pouvoir tentent de minimiser la situation en promettant aux «sans-travail» de «l'ouvrage aux Canadiens» et des jours meilleurs: Ça va venir... décourageons-nous pas!

Il nous est facile d'imaginer la présence sur scène de cette femme impressionnante, turlutant cela à la masse. Avec comme accessoire son simple petit instrument de musique, elle domine son public tout en demeurant avec et parmi lui. Car elle n'a rien d'une star sophistiquée, le succès ne l'ayant pas changée. Pour tous, c'est la bonne madame d'à-côté, la bonne mère de famille de ce quartier ouvrier de l'est de Montréal.

[69]

Nos braves habitants

Enchaînant sur la chanson précédente, dans celle-ci, elle y va carrément:

> *C'est aux braves habitants*
> *Que je m'adresse maintenant*
> *Quittez jamais vos campagnes*
> *Pour v'nir rester à Montréal*
> *Dans des grand-villes comme ça*
> *De la misère il y en a*

Si la chanson peut être prière, elle peut aussi, comme dans le cas présent, se faire apostolat social.

La groceric du coin

Dans leur conception bien inhumaine, les grands marchés d'alimentation modernes ont fait disparaître cette «grocerie du coin» devenue, dans certains cas, un «dépanneur». Cette grocerie, telle que notre peintre de la rime la décrit ici, c'était en quelque sorte le rendez-vous de tous les résidents d'un quartier. Tout le monde se connaissait, y échangeait nouvelles, ragots, commentaires... Et quand le patron vous faisait crédit, c'était merveilleux:

> *À la grocerie du coin*
> *Ça fait bien mieux l'affaire*
> *[...]*
> *On n'a jamais d'misère*
> *Quand on est cassé*
> *Sont là pour nous avancer*

La gaieté rayonnante et le bel optimisme de La Bolduc subjuguent et séduisent. Son message social est plus écouté que celui du député du comté. Toutes ses chansons font preuve d'optimisme. Elles enjolivent le triste

[70]

quotidien par l'humour incomparable qui s'en dégage, un humour fait de drôleries parfois surprenantes, mais jamais ambiguës ni calculées, ce qui permet à son public de se retrouver en elles:

> J'ai des trous dans mes souliers
> Mes talons sont tout d' travers
> [...]
> Les orteils m'passent à travers
> C'est toujours mieux que pas en avoir

Les cinq jumelles

Le 28 mai 1934, Mme Ovila Dionne, une jeune maman de vingt-six ans, donne naissance à des quintuplées, nouvelle qui fera le tour du monde. À Londres, à New York et à Paris, on parle à la une d'Annette, Yvonne, Cécile, Émilie et Marie. Même Hollywood viendra tourner un documentaire sur elles. Écrite en cinq temps et cinq mouvements, la nouvelle chanson de La Bolduc dépasse sur disque tous ses triomphes passés. Elle fait désormais pièce de référence historique.

L'enfant volé

Cet enfant n'est nul autre que le fils Lindberg dont l'enlèvement souleva l'indignation du monde entier. Comme toutes nos bonnes mères de famille, Mary Bolduc fut affligée par le sort cruel réservé à ce blond garçonnet. Et la chanson fut écrite. La jovialité légendaire de cette interprète ne lui permettait pas d'enregistrer une aussi triste chanson, aussi elle confiera à sa fillette Lucienne le soin de la chanter:

> Mères à genoux!
> Priez, suppliez Dieu
> De mettre fin au cauchemar affreux

[71]

Toujours l'R-100

Venu d'Angleterre, c'est le 1ᵉʳ août 1930 que le dirige-able R-100 survola Montréal pour se fixer à l'aéroport de Saint-Hubert, après 78 heures et 49 minutes de vol.

Ce fut l'événement! Ce fut l'euphorie générale! Ce fut... Mais à quoi bon insister sur les détails puisque la chanson est là pour rappeler tout cela.

Une autre page d'histoire bien... chantée!

Les colons canadiens

Au plus fort de la crise économique, les chômeurs, de plus en plus nombreux et de plus en plus pitoyables aussi, tentaient tous les efforts pour se sortir de cette misère. Les fils de cultivateurs venaient en ville dans le vain espoir d'y trouver un peu de pain, alors que des familles entières quittaient la ville vers «les terres promises» de l'Abitibi. Tous s'abîmaient davantage en perdant leurs dernières illusions. Populiste mais non moraliste, notre chroniqueuse sociale savait les comprendre et les conseillait à sa façon, humainement et amicalement, avec ses turlutages:

> *Malgré qu'il y a du chômage*
> *Les colons sont pleins d'courage*
> *La terre est pas défrichée*
> *Que la famille a augmenté*

Gédéon amateur

La plupart de nos vedettes de la chanson ont fait leurs débuts dans des revues d'amateurs, telle Rose Ouellette (La Poune), au Ouimet-O-Scope. Plus tard, c'est surtout la radio qui popularisa ce genre de pro-grammes. Et à l'ère de La Bolduc, l'une des grandes émissions de CKAC fut Les Amateurs Black Horse, alors brillamment animée par le désopilant et populaire

Ernest Loiselle. C'est chez lui qu'une adolescente du nord de Montréal se fit entendre pour la première fois: Lucelle (Lucille) Dumont.

Dans cette chanson, il faut apprécier la façon d'évoquer Bing Crosby, ainsi que celle de rendre hommage aux stations de radio alors existantes:

Si vous faites bien l'affaire
Vous deviendrez populaire
Des engagements vous en aurez
Bien plus que vous en voudrez
Aux postes CFCF, CHRC, CHLP
[...]
Pis CKAC

Chansons de personnages

AH! C'QU'IL EST SLOW TIT-JOE!

J'avais une petite cousine
Elle s'appelait Ernestine
Quand son ami v'nait veiller
Y faisait rien que turluter
(turlutage)
Ah! qu'il est donc slow, Tit-Joe!

L'autre jour dans la cuisine
Elle faisait de la pouting
Elle dit: «Viens donc m'embrasser»
Il dit: «Ta pouting va brûler»
(turlutage)
Ah! qu'il est donc slow, Tit-Joe!

Quand elle va cueillir des pommes
Il faut amener le bonhomme
C'est elle qui grimpe dans l'pommier
Pis Tit-Joe reste à côté
(turlutage)
Ah! qu'il est donc slow, Tit-Joe!

Quand elle s'promène en machine
Et qu'elle manque de gazoline
Au lieu de lui en acheter
Il aime cent fois mieux marcher
(turlutage)
Ah! qu'il est donc slow, Tit-Joe!

Malgré qu'arrivent ses trente ans
Il joue du yo-yo d'temps en temps
Tout en lui faisant l'amour
Elle dit: «Prête-les moé à mon tour»
(turlutage)
Ah! qu'il est donc slow, Tit-Joe!

Yo-yo par-ci, yo-yo par-là
Jusqu'à Tit-Joe qui joue ça
On les voit tous les deux dans rue
C'est à qui qui tirerait d'sus
(turlutage)
Ah! qu'il est donc slow, Tit-Joe!

Y s'sont prom'nés en bateau
Voilà-t-y pas qu'a tombe à l'eau
Au lieu d'plonger avec amour
Y s'est mis à crier: «Au s'cours!»
(turlutage)
Ah! qu'il est donc slow, Tit-Joe!

Quand vient les soirs de veillée
Y parle plus de s'en aller
Le bonhomme montre le cadran
Ça veut dire de sacrer l'camp
(turlutage)
Ah! qu'il est donc slow, Tit-Joe!

Finalement il l'a d'mandé
Si elle voulait se marier
Le grand jour est arrivé
Tit-Joe s'est pas réveillé
(turlutage)
Ah! qu'il est donc slow, Tit-Joe!

Un jour il s'est décidé
Il est v'nu la r'd'mander
Elle lui avait joué un tour
Elle était mariée depuis huit jours
(turlutage)
Ah! qu'il est donc slow, Tit-Joe!

LES AMÉRICAINS

Quand nous arrive l'été
Nous n'avons qu'à regarder
Soir et matin sus l'chemin
On n' voit que les Américains
Soit qui mouill'ou qui soit chaud
En ch'min d' fer ou en auto
Ce n'est pas pour boire de l'eau
Qu'ils nous arrivent si tôt
(turlutage)

Y s'en viennent au Canada
C'est pas pour boire du cola
Avec du beau whisky blanc
Ils sont heureux et contents
On les voit bien de bonne heure
À la Commission d'liqueurs
Ils ressortent souriants
Ils ne regrettent pas leur argent
(turlutage)

Toujours jolis et contents
Pour les gens qui sont plaisants
On les voit pleins de gaieté
Ils ne cherchent qu'à s'amuser
Les Canadiens sont contents
Ils nous laissent beaucoup d'argent
Grâce à la prohibition
Ça nous rapporte des millions
(turlutage)

Quand l'automne est arrivé
Ils sont bien découragés
De retourner dans leur pays

Ils n'auront plus du whisky
Mais ils conservent l'espoir
De revenir nous voir
Ils se mettent à ménager
Afin de recommencer
(turlutage)

En passant par Montréal
Ils trouvent que c'est pas mal
En arrivant à Québec
Ils n'ont pas le gosier sec
Mais quand ils retourneront
Avec une belle façon
Car toujours ils se souviennent
De nos belles p'tites Canadiennes
(turlutage)

ARTHIMISE MARIE LE BEDEAU

Ah! c'est la belle Arthimise
Qui voulait se marier
Une fois rendue à l'église
Elle trouvait plus son cavalier
(rires)

On fit venir le bedeau
Pour prendre la place du marié
Et lui qu'est pas nigaud
Consentit sans s'faire prier
(turlutage)

Après la cérémonie
Arthimise qui a bon cœur
Dit: «Ben je vous remercie
De m'avoir sauvée du malheur»
(rires)

«Y a pas de quoi, dit l'bedeau
J'suis à votre disposition
Je reviendrai tantôt
Et j'finirai la procession»
(turlutage)

Mais ce fut une vraie surprise
De voir arriver soudain
Le cavalier d'Arthimise
Qui s'était trompé de ch'min
(rires)

Arthimise en le voyant
Lui dit: «Je vous verrai betôt

Excusez-moé un instant
Faut qu'j'aille dire bonsoir au bedeau»
(turlutage)
(rires)

LE BONHOMME ET LA BONNE FEMME

C'est l'bonhomme et la bonne femme
Qui s'sont battus tous les deux
En arrière de la clôture
En vieux souliers de bœu
C'est le bonhomme qui a gagné
La bonne femme s'est mise à crier
Tout le monde s'est ramassé
Pis la police est arrivée
(turlutage)

J'ai vu le bonhomme Félix
Se battre avec la police
Il a pris la vieille Jetté
Il l'a envoyée se coucher
Il a pris le vieux Félix
Il l'a mis sur son bicycle
Il a été condamné
À six mois d'pénitencier
(turlutage)

La bonne femme s'est ennuyée
Elle pouvait plus se chicaner
Elle allait voir son p'tit vieux
Tous les jours après l'dîner
Elle lui emportait des pommes
Pour essayer à l'enjôler
Le p'tit vieux qu'est rancunier
Ne voulait pas lui pardonner
(turlutage)

Voilà le p'tit vieux malade
Il fait venir sa bonne femme
Pour lui frotter les côtés

Avec du whisky camphré
Elle sort de sa sacoche
Un beau petit flasque de brandy
Le p'tit vieux lui saute au cou
Puis j'te dis qu'il l'a embrassée
(turlutage)

Quand le bonhomme est arrivé
Il était encouragé
La bonne femme en le voyant
Elle lui dit: «Tu peux t'pousser!»
Le p'tit vieux qu'avait tant hâte
De l'avoir pour la caresser
La vieille pensait plus à ça
Car son temps était passé
(turlutage)

C'EST LA FILLE DU VIEUX ROUPI

C'est la fille du vieux Roupi
Quand elle voit son Jean-Louis
Ah! elle vient les yeux pleins d'eau
C'est comme un chien qu'avale un os
(turlutage)

Quand vient les soirs de veillée
S'il a le malheur de retarder
Elle commence à frissonner
Pis elle vient toute démanchée
(turlutage)

Elle vient les cheveux à pic
C'est comme un vrai porc-épic
Dans c'temps-là elle parle tout haut
Elle en fait des sauts d'crapaud
(turlutage)

Elle marche en s'tordant le corps
Pis les deux pieds en dehors
Les narines écartillées
Puis le restant bien renfoncé
(turlutage)

Elle se fait de beaux tricots
Pis elle garnit des chapeaux
Elle se pique des jupons aussi
Pour plaire à son Jean-Louis
(turlutage)

Et lui qui veut se marier
Parce qu'il peut plus endurer
Toujours seul c'est ennuyant

Car il faut être deux tout l'temps
(turlutage)

Mais le jour qu'il est marié
Il est bien mal emmanché
En voyant v'nir tous ses parents
Il a pris le mors aux dents
(turlutage)

Après l'avoir examiné
«Que j'suis donc mal emmanché»
Il a eu tellement peur
Qu'il est mort d'une syncope de cœur
(turlutage)

CHEZ MA TANTE GERVAIS

J'vais vous chanter une chanson
Une chanson pour rire
S'il y a un mot de vérité
Je veux que l'on m'y pende

REFRAIN

Chez ma tante Gervais
Oui du fun il y en avait
Sur la butte, butte, butte
Chez ma tante Gervais
Oui du fun il y en avait
(turlutage)

S'il y a un mot de vérité
Je veux que l'on m'y pende
J'ai mis ma charrue sus mon dos
Mes bœufs dans ma ceinture

J'ai mis ma charrue sus mon dos
Mes bœufs dans ma ceinture
Je m'en fus pour labourer
Oùsqu'il y avait pas de terre

Je m'en fus pour labourer
Oùsqu'il y avait pas de terre
Dans mon chemin j'ai rencontré
Un arbre chargé de fraises

Dans mon chemin j'ai rencontré
Un arbre chargé de fraises
Je l'ai pris je l'ai secoué
Il tomba des framboises

[87]

Je l'ai pris je l'ai secoué
Il tomba des framboises
Il m'en tomba sur la grosse orteil
Qui me fit saigner l'oreille

Il m'en tomba sur la grosse orteil
Qui me fit saigner l'oreille
À travers la plante du pied
Je me voyais la cervelle

À travers la plante du pied
Je me voyais la cervelle
Chez ma grand-mère y avait une poule
Qui chantait bien le coq

FIN-FIN BIGAOUETTE

C'est Fin-Fin Bigaouette
L'avez-vous vu passer
Y a le corps fait en barouette
Puis le bout du nez cassé
(turlutage)

Il y a deux rangées de dents
Pis la bouche tout de travers
Quand y fume sa pipe de plâtre
Il rappelle la vraie misère
(turlutage)

Y a les cheveux tellement longs
Que ça lui traîne sur les talons
Quand il passe devant l'barbier
J'vous dis qu'y s'fait accrocher
(turlutage)

Mais si vous le voyez
Comme il marche écartillé
Il a les pieds tellement longs
Qu'il est toujours enfargé
(turlutage)

Y va vouère sa bien-aimée
Tous les jours sans y manquer
Faut qu'on lève la clef d'la porte
Y parle pus de s'en aller
(turlutage)

Mais toujours qu'un beau soir
On l'invite à souper
Il y a tellement mangé

Qu'il a manqué de buster
(turlutage)

Je n'sais pas ce qu'il a eu
Il a crié comme un perdu
Y a été pour cinq six mois
Sans manger de soupe aux pois
(turlutage)

Je vous dis le pauv' garçon
Était gêné comme de raison
Y a vu tomber dans l'chaudron
Une vieille paire de chaussons
(turlutage)

Si la chose vous arrive
Ah! mes amis croyez-moé
Lâchez la soupe aux pois
Téléphonez au bureau d'santé
(turlutage)

JEAN-BAPTISTE BEAUFOUETTE

C'est Jean-Baptiste Beaufouette
Qui a le nez tout retroussé
Quand y vient pour respirer
Y a l'courage de s'avaler
(sons de gorge)

Je l'ai vu y a pas longtemps
Prendre son dîner au restaurant
Tout d'un coup y s'est mis à crier
Voilà-t-y pas qu'y est étouffé
(série de aïe! aïe! aïe!)

Je vous dis le pauv' garçon
Il s'est fait mal au gorgoton
C'est effrayant comme il a souffert
Y avait les yeux revirés à l'envers
(série de bo-bo)

Et moi de mon côté
Je vous dis que j'étais énervée
J'y ai donné un coup d'poing dans l'dos
Y a crié c'était comme un veau
(série de mugissements)

J'ai fait venir le médecin
C'était pour voir ce qu'il avait
Y a trouvé dans le gosier
Une grosse couenne de lard salé
J'vas aller vous la chercher
Aïe! Aïe! Aïe! Aïe!
Pis j'vais aller la chercher
Ça s'ra pas long que j'vais y aller

Le médecin c'est un bon diable
Y a mis la couenne dans l'alcool
Il l'a emportée à l'université
Les étudiants l'ont examinée
Ha ha ha ha ha
Ha ha ha ha ha
Ha ha ha ha ha
C'est effrayant de voir ça!

Après l'avoir examinée
Mais savez-vous ce qu'ils ont trouvé
Qu'il y avait assez de poils après
Qu'une savonnette au barbier du coin
Savonne et pis savonne
Et pis savonne savonne encore
Pis savonne la savonnette
De Jean-Baptiste Beaufouette

JOHNNY MONFARLEAU

Messieurs et Mesdames veuillez m'excuser
Si j'parais sus l'théâtre aussi mal habillée
Aussi mal vêtue je n'ai pas d'argent pour payer

Johnny Monfarleau passait dans la rue
Avec une punaise qu'était grosse comme un veau
Y a pris la peau pour se faire un capot
Hourrah pour Johnny Monfarleau!

Avec sa viande ainsi que ses os
Je me suis décidée de faire un fricot
J'ai tout invité, les parents les amis
Ainsi que Johnny Monfarleau!

Je l'ai vu à Gaspé se promener
Ce pauvre vieux en souliers d'bœu
Sa tuque de côté, sa ceinture fléchée
Hourrah pour Johnny Monfarleau!

Quand j'étais jeune fille, à la messe de minuit
Il m'emmenait à l'église avec sa jument grise
Sa vieille carriole de peaux de buffalo
Hourrah pour Johnny Monfarleau!

Je l'ai vu aller là, par ici par-là
Il se promène en pyjama
Son tuyau d'castor et sa belle canne en or
Hourrah pour Johnny Monfarleau!

Depuis le mois d'octobre qu'y est dans les forêts
En costume de bain garni en peaux d'lapin
Avec ça de grands bas tricotés au crochet
Hourrah pour Johnny Monfarleau!

LE JOUEUR DE VIOLON

Il y a dans nos cantons
Un vrai joueur de violon
Quand il joue en public
Faut qu'y charrie toute sa clique
Il tape pas fort du pied
Il ne peut pas s'accorder
Quand il lève son archet
Il a l'air d'un grippette
(turlutage)

Sa femme à ses côtés
Qui le mène par le bout du nez
Joue-moé donc un rigodon
Ou ben j'casse ton violon!
Montre-moé tout ce que tu sais faire
Y a pas d'dommage pour un soir
Dépêche-toé de commencer
Je commence à fortiller!
(turlutage)

Lui c'est un bon garçon
Mais il se dit le champion
Quand il commence à jouer
Il ne peut plus s'arrêter
Il a les mains plein d'pouces
Et les pieds dans l'même soulier
Il vient la langue épaisse
Et pis les deux yeux cernés
(turlutage)

Elle a les yeux tout rouges
Puis la tête tout échevelée
Le cou comme une anguille

Et pis le menton renfoncé
Elle est sourde d'une oreille
Et pis l'autre qu'est attaquée
Les jambes minces comme une canne
Et pis six orteils chaque pied
(turlutage)

Mais lui qui joue toujours
La nuit comme le jour
Les voisins qui sont couchés
Lui lâchent des cris de s'arrêter
Sans s'occuper de rien
Il joue jusqu'au matin
C'est pas lui qui s'fait d'la bile
Pour l'amour de ses voisins
(turlutage)

UN PETIT BONHOMME AVEC UN NEZ POINTU

Avez-vous vu?
Non j'ai pas vu!
C'est un p'tit bonhomme
C'est un p'tit bonhomme
Avez-vous vu?
Non j'ai pas vu!
C'est un p'tit bonhomme
Avec le nez pointu

Il avait le nez si pointu
Ce petit bonhomme
Ce petit bonhomme
Il avait le nez si pointu
Que les moineaux s'perchaient dessus

Le petit oiseau n'a pas attendu
Que le p'tit bonhomme
Que le p'tit bonhomme
Le petit oiseau n'a pas attendu
En s'perchant il l'a pondu

Il prit son vol pi'il disparut
Du petit bonhomme
Du petit bonhomme
Il prit son vol pi'il disparut
Pour aller manger dans la rue

Le lendemain il aperçut
Ce petit bonhomme
Ce petit bonhomme
Le lendemain il aperçut
Une jeune fille avec toute sa vertu

Il sentit que le temps était v'nu
Le petit bonhomme
Le petit bonhomme
Il sentit que le temps était v'nu
Mais la petite n'a pas voulu

Parce que la petite n'a pas voulu
Le petit bonhomme
Du petit bonhomme
Parce que la petite n'a pas voulu
Il s'est découragé pi'il s'est pendu

Il avait le nez si pointu
Cher petit bonhomme
Cher petit bonhomme
Il avait le nez si pointu
Personne de vous en aurait voulu

LE PETIT SAUVAGE DU NORD

Le sauvage du Nord en tirant ses vaches
Y avait des bottes aux pieds qui faisaient la grimace
Tout le long de la rivière
(turlutage)
Les petits sauvages étaient couchés par terre
Pis y en avait d'autres sus l'dos d'leur mère

Tu m'as aimée pis j't'ai aimé à présent tu m'quittes
Tu m'aimes plus et pis moé non plus nous sommes quittes
    pour quittes
Tout le long de la rivière
(turlutage)
Les petits sauvages étaient couchés par terre
Pis y en avait d'autres sus l'dos d'leur mère

Tu t'rappelles-tu quand tu m'promenais dans ton canot
    d'écorce
Dans c'temps-là tu faisais ton frais tu me j'tais sur les
    roches
Tout le long de la rivière
(turlutage)
Les petits sauvages étaient couchés par terre
Pis y en avait d'autres sus l'dos d'leur mère

Toé dans ton coin pis moé dans l'mien on s'regardait
    sans cesse
Dans c'temps-là t'avais l'air fin aujourd'hui t'as d'l'air
    bête
Tout le long de la rivière
(turlutage)
Les petits sauvages étaient couchés par terre
Pis y en avait d'autres sus l'dos d'leur mère

Le mouchoir que tu m'avais donné tiens mets-le dans ta
poche
Retire-toi d'auprès de moi que le sorcier t'emporte
Tout le long de la rivière
(turlutage)
Les petits sauvages étaient couchés par terre
Pis y en avait d'autres sus l'dos d'leur mère

Le casque de plumes que j't'avais prêté t'as besoin de
me le remettre
Si tu veux pas que je te lance la tête avec une flèche
Tout le long de la rivière
(turlutage)
Les petits sauvages étaient couchés par terre
Pis y en avait d'autres sus l'dos d'leur mère

LA PITOUNE

La Pitoune, ça c'était une belle fille
Pas trop grande ni trop p'tite
La Pitoune, ça c'était une belle fille
Hourrah pour la Pitoune!
Elle joue du banjo *(turlutage)*
Elle joue du banjo *(turlutage)*
Elle joue du banjo *(turlutage)*
Hourrah pour la Pitoune!

Un beau jour le garçon du voisin
Voyant Pitoune dans son jardin
Il lui envoya des becs avec sa main
Hourrah pour la Pitoune!
Elle joue du banjo, jo, jo, jo, jo
Elle joue du banjo *(turlutage)*
Elle joue du banjo *(turlutage)*
Hourrah pour la Pitoune!

L'amour gagna le cœur du garçon
Lui trop gêné comme de raison
Pour la matcher comme tous les garçons font
Hourrah pour la Pitoune!
Elle joue du banjo *(turlutage)*
Elle joue du banjo *(turlutage)*
Elle joue du banjo *(turlutage)*
Hourrah pour la Pitoune!

Comme il s'approchait bien douc'ment
Elle le regardait v'nir en souriant
C'est comme ça que l'amour prend
Hourrah pour la Pitoune!
Elle joue du banjo, jo, jo, jo, jo
Elle joue du banjo *(turlutage)*

Elle joue du banjo *(turlutage)*
Hourrah pour la Pitoune!

Comme il la trouvait à son goût
Sans dire un mot il la prit par le cou
En lui disant d'un ton bien doux
Oh! la belle Pitoune!
Elle joue si bien le banjo, jo, jo, jo, jo
Elle joue du banjo *(turlutage)*
Elle joue du banjo *(turlutage)*
Hourrah pour la Pitoune!

Le pauv' garçon s'est mis à crier
Une grosse guêpe venait de le piquer
Juste à une place que j'peux pas vous nommer
Hourrah pour la Pitoune!
Elle joue si bien le banjo, jo, jo, jo, jo
Elle joue si bien le banjo, jo, jo, jo, jo
Elle joue du banjo *(turlutage)*
Hourrah pour la Pitoune!

Comme ça s'est mis à enfler
Il s'est mis à se frotter
Y a fallu mettre la gêne de côté
Hourrah pour la Pitoune!
Elle joue du banjo *(turlutage)*
Elle joue du banjo *(turlutage)*
Elle joue du banjo *(turlutage)*
Hourrah pour la Pitoune!

Comme la belle le voyait rempirer
À son tour elle s'est mise à crier
Il lui répond: «Y a pas rien de cassé»
Hourrah pour la Pitoune!

Elle joue si bien le banjo, jo, jo, jo, jo
Elle joue du banjo, jo, jo, jo, jo
Elle joue le banjo *(turlutage)*
Hourrah pour la Pitoune!

LA GROSSE ROSÉ VOUDRAIT SE MARIER

Ah! c'est la grosse Rosé
Qui voulait se marier
Comme son ami travaille pas
Elle a peur qu'y a marie pas
(turlutage)

Moé je l'ai vue hier au soir
Au coin d'la rue Saint-Hubert
Elle était avec son Albert
J'y ai dit: «Essaye à l'avoir»
(turlutage)

Quand a m'a entendue crier
J'vous dis qu'a s'est dévirée
Elle était tellement enragée
Qu'elle a manqué de s'avaler
(turlutage)

Il y avait sur le trottoir
Une pelure de banane noire
Elle était tellement en colère
Qu'elle est tombée les pattes en l'air
(turlutage)

Quand elle est v'nue pour se relever
Sur un p'tit vieux elle s'est accrochée
Il lui a donné une poussée
Dans la rue elle a été fouiller
(turlutage)

Il y avait une vieille chaudière
Remplie d'cendre et de mâchefer
Ses yeux sont remplis d'poussière

Depuis c'temps-là a voit pas clair
(turlutage)

Quand Albert la vit souffrir
Y lâcha un gros soupir
Y la rentra chez l'apothicaire
Avec les quatre fers en l'air
(turlutage)

ROUGE CAROTTE

C'est par un lundi matin
La grosse Lili de Sarrazin
A s'en va tirer ses vaches
Dans sa vieille bol à mains
Elle a pris son tablier
C'était pour se faire un coulois
A tout fait du fromage
Pour tout' son été

REFRAIN

Oh! la vilaine
Oh! la vilaine
Oh! la vilaine
De Rouge Carotte
Au bout de ses pantoufles de feutre
Il lui manque son talon
(turlutage)

Mais dès la première bouchée
Un grand poil que j'ai trouvé
Elle me dit sans hésiter
C'est la chatte qui s'est fait secouer
Et dedans son lait caillé
Savez-vous ce que j'ai trouvé
Son rouge et sa poudrette
Et puis une couple de pincettes

Quand je la vois au marché
Elle a l'visage tout barbouillé
Son jupon est tellement long
Que ça lui traîne sus les talons
Elle est plate comme une galette
Je vous dis qu'elle est bien mal faite

Elle a l'nez comme un cornichon
Ça lui descend sur le menton

Si a s'peignait plus souvent
A pourrait trouver un amant
Quand elle sort de la chambre de bain
Elle a l'air d'un p'tit chien barbet
Elle a du poil dessus les bras
C'est comme la vraie barbe à Judas
Elle en a sur le menton
C'est comme la queue d'un p'tit mouton

Elle a les yeux fendus sus l'long
J'vous dis que c'est un vrai patron
Elle a la bouche tout de travers
Elle vient de se casser la mâchoire
Elle voudrait bien se marier
Mais elle dit qu'a peut pas trouver
Il lui prend de grosses chaleurs
Elle dit qu'elle vient tout' en sueur

TIT-NOIR A LE MAL IMAGINAIRE

Tit-Noir dit qu'il est malade
Après tout s'il n'est pas mal
S'il lui sent une p'tite douleur
Il téléphone au docteur

REFRAIN

Il a le mal imaginaire
Pis le système à l'envers
Et des gaz à l'estomac
J'y ai donné un petit peu de soda

Comme il s'pensait consomption
Y a eu une consultation
Le docteur dit: «Mon garçon
T'as le cordon du cœur trop long!»

Il est allé chez un spécialiste
Il dit qu'il avait la jaunisse
Et pour changer de couleur
Prends une dose de pinkeller

Il est allé à l'hôpital
Il se sentait le cœur mal
Pis y ont donné une piqûre
Il est venu comme une forçure

Et au bout de quelques mois
Il sentait une douleur dans l'bras
Il est allé chez le ramancheur
Pis y est presque mort de peur

S'il a le malheur de se mouiller
Il commence à éternuer

Y attrape le rhume de cerveau
Puis il vient le nez comme un ruisseau

Un matin s'est réveillé
Il s'pensait paralysé
Il se mit à crier tout haut
Pis y m'a fait descendre d'en haut

Il s'est fait tellement de bile
Qu'y est venu la peau comme un crocodile
Il se trouvait si malheureux
Qu'y sautait comme un chevreux

Un jour il s'est décidé
Y est allé dans les chantiers
Manger du beau lard salé
C'est rien que ça qui l'a ramené

DERNIER REFRAIN

Y a pus le mal imaginaire
Ni le système à l'envers
Il est gras c'est effrayant
Pis j'vous dis qu'y en a dedans

LE VIEUX GARÇON GÊNÉ

C'est un soir dans un salon
Il se présente un vieux garçon
Il était tellement gêné
Qu'il faisait rien qu's'éplucher
Ha! Hé!

REFRAIN
Je vous dis le pauv' garçon
Était gêné comme de raison
À part de ça y était plaisant
C'est un garçon qui riait tout l'temps!
(turlutage)

Quand j'y ai présenté une fille
Y fortillait comme une anguille
Y savait pas trop quoi faire
Rester debout ou bien s'asseoir?

Il la trouvait si jolie
Qu'y savait pas quoi faire de lui
Y s'est assis sus l'coin du banc
Se suçant le pouce de temps en temps!

Dans l'courant de la veillée
Y a pris un verre de brandy
S'est mis à jouer du banjo
Que les frissons m'passaient sus l'dos!

Tout d'un coup sans s'faire prier
Le voilà qui commence à chanter
En s'envoyant la tête en l'air
Son palais tombe-t-y pas par terre!

Y avait la bouche comme une tomate
Et les gencives cent fois plus plates
Le bout du nez comme un hameçon
J'y voyais pas le menton

Tout d'un coup en se penchant
Pour ramasser ses dents
Ses culottes s'sont décousues
On a ri comme des perdus!

LE VOLEUR DE POULES

J'vais vous raconter une histoire
Sur deux voleurs de poules
Y en a un qui s'appelle Tit-Noir
Et puis l'autre s'appelle Bouboule
Avant d'faire leur mauvais coup
Ils ont pris cinq ou six coups
Après ça s'sont décidés
D'aller faire les poulaillers
(turlutage)

Ils étaient trop fatigués
Pour marcher tout' ça à pied
Y attelle la grise sur le boghei
À Jonquière y sont allés
Bouboule descend le premier
Pour se rendre au poulailler
L'autre avec un sac sus l'dos
Vole des choux pis des navots
(turlutage)

En rentrant dans l'poulailler
Le coq s'est mis à chanter
Le bonhomme s'est réveillé
Avec son fusil est allé
La bonne femme qui est en arrière
Elle dit: «Écoute donc son père
T'as pas besoin de tirer
Tes cartouches sont dans l'grinier»
(turlutage)

La bonne femme sus le devant
Le bonhomme voyait pas clair
Pis comme elle avait pas de dents

L'ont pris pour un chanteclerc
Et comme ils avaient bien faim
Y ont pris c'qu'avait sous la main
Avec une poche bien remplie
À la course ils sont partis
(turlutage)

Les voleurs contents du coup
Avaient hâte d'arriver
Pour se faire un bon ragoût
Avec c'qu'ils avaient volé
S'dépêchant d'ouvrir le sac
Parce qu'ils voulaient manger
Y en a un qui r'çoit une tape
C'est la bonne femme qu'avait dans l'sac
(turlutage)

Chapleau, Aglaé, Bozo, Frédéric, Jack Monoloy, le Grand Six Pieds, Madame Cailloux, Armand, Monsieur Auguste, autant de personnages rendus vivants et célèbres par ces chansonniers qui prirent la suite de leur illustre précurseure et dont chacun rappelle ces créateurs que furent Ovila Légaré, Lionel Daunais, Félix Leclerc, Claude Léveillée, Gilles Vigneault, Claude Gauthier, Jean-Pierre Ferland, Clémence Desrochers, Germaine Dugas, pour ne citer que ceux-là.

C'est le privilège des artistes de la plume de brosser le portrait de tant d'individus rencontrés au cours de leur existence, les plus typiques ayant l'insigne pouvoir de les inspirer plus particulièrement.

Notre scrutatrice Bolduc, elle, nous en aura fait connaître une vingtaine, au hasard de ses florissantes pérégrinations, tous à la portée de nos souvenirs personnels. Nous avons tous rencontré dans diverses circonstances des lambins ayant l'heur de nous taper sur les nerfs, des Américains en vacances estivales, des malades imaginaires, des rouge carotte et des vieux garçons gênés et un peu bègues. De toutes ces sympathiques esquisses, révélant le caractère, les tics, le statut social, les manies et l'identité humaine du personnage, il nous faut ici retenir le cas de La Pitoune.

Enfant, je fus témoin d'une scène que je n'ai pas comprise sur le coup, mais qu'il m'a été donné de réévaluer par la suite; avec le recul, j'ai pu en saisir tout le ridicule. Par un beau soir d'été, des jeunes gens de mon village natal étaient réunis dans le jardin de nos voisins immédiats, comme ils avaient l'habitude de le faire. Ce soir-là, autour du phonographe à manivelle, ils s'amusaient à écouter notre Bolduc chantant La Pitoune. Tout à coup, la maman surgit de la maison, en furie, se dirige vers le gramophone innocent, en retire la fautive «plate» et la brise en deux sur un de ses genoux. La réaction de cette âme bien-pensante fut celle de beaucoup de «Dames de Sainte-Anne» du Québec.

Pour ces pauvres âmes sensibles, la terrible turluteuse chantait une chanson «commune». Pour elles, «La Pitoune» en question n'était rien d'autre qu'une fille de mauvaise vie. Elles confondaient tout simplement ce titre avec un autre mieux connu des habitués de la Main. Et puis, dans la chanson «maudite», il y a des tours comme: «Elle joue du banjo, jo, jo, jo, jo.» Or, tenons-nous bien, les jeunes conquérants de l'époque, en croisant sur la rue une fille bien pourvue de poitrine, blaguaient tout bêtement: «Elle a de beaux... jos!» C'est ainsi que les disques de la Bolduc furent boycottés dans certains milieux trop prudes, au nom d'on ne sait quelle déprimante ignorance, parce que considérés comme vulgaires, scandaleux, libertins...

Autre époque, autres mœurs. Heureusement que depuis...

Chansons de métiers

LES AGENTS D'ASSURANCES

Je me suis faite assurer
Il y a deux ans passés
Et c'était par un vieux garçon
Mais j'vous dirai pas le nom
Il a une moustache empruntée
Pis un beau p'tit char coupé
Mais quand il vient nous assurer
Il sait comment s'placer les pieds

REFRAIN

Ah! les agents d'assurances
C'est comme ça que j'les arrange
Quand je les vois arriver
J'barre ma porte pis j'vas m'cacher
(turlutage)

À sept heures du matin
On les voit sur le chemin
Ils nous regardent en souriant
C'est pour nous arracher d'l'argent
Quand ils savent qu'on est cassés
Ils passent sans nous regarder
Mais quand ils viennent à la maison
Je les reçois à ma façon

Ah moé parlez-moi z'en pas
C'est quand j'les vois à l'heure des r'pas
Ils viennent avec l'inspecteur
Ils pensent bien de nous faire peur
Quand ils voient que j'suis fâchée
Dans c'temps-là tu les vois s'pousser
Leur chapeau est accroché
Ils prennent pas l'temps de l'emporter

[117]

Quand ils viennent pour collecter
Ils peuvent tout nous arracher
Mais quand ils savent qu'on a d'l'argent
Faut leur payer quatre semaines d'avant
Ils mettent toujours leur habit neuf
Pour faire plaisir aux p'tites veuves
C'est quand mon mari y est pas
Ils viennent toujours dans c'temps-là

Quand on a un nouveau-né
Dans c'temps-là on les voit arriver
Le médecin est pas parti
Qu'ils sont rendus au pied d'not' lit
Et avec une belle manière
Y essayent de nous faire accroire
Qu'ils peuvent assurer l'bébé
Avant qu'y soit baptisé

LE COMMERÇANT DES RUES

Il y avait un commerçant
Je vous dis qu'est achalant
Quand il s'agissait d'chanter
Y se faisait pas prier
À cinq heures du matin
Il chantait ses gais refrains
Des carottes pis des navots
Ah! venez voir comme ils sont beaux!

REFRAIN

Ah! oui, on en a des légumes
Des carottes pis des navots
Des betteraves pis des poireaux
Ah! oui, on en a des beaux choux
Des patates pis des tomates
On en a des rouges, des vertes!

Quand l'printemps est arrivé
Il commence à chanter
Venez voir mes échalotes
Seulement à dix sous la botte
Des radis pis d'la salade
Des patates pis d'la rhubarbe
J'ai du vrai sirop d'érable
Fait avec d'la cassonade!

On l'entend dans les ruelles
La bouche fendue aux oreilles
Le visage tout en grimaces
J'vous dis qu'y donne pas sa place
On en a de beaux co'combres
On en a pour tout le monde
Y en a pas dans le quartier
Qui a de beaux co'combres comme moé!

Quand vient le temps des bleuets
Il faut le watcher de près
De belles prunes et pis des fraises
Des groseilles pis des framboises
L'autre jour en m'en allant
J'ai t'y pas vu le commerçant
Ses casseaux étaient pas pleins
Il en faisait deux dans un!

Quand l'automne est arrivé
Il vient tout découragé
Il va vendre sa wagin
Pour un p'tit flacon de gin
Y s'en va tout de travers
En faisant aller les mâchoires
Je vous dis quel débarras
Y chante plus depuis c'temps-là!

LES CONDUCTEURS DE CHARS

Il y avait un conducteur
Il est toujours de bonne humeur
Quand il voit une jeune fille
Y fortille comme une anguille
Quand y punche son transfert
Il la r'garde d'un œil de travers
Quand il la voit dans les chars
Y trouve que c't'un bien beau pétard

REFRAIN

Mais par un singulier hasard
Y arrive toujours chez lui en r'tard
(bis)

Y a la tête toujours tournée
Y fait rien que la regarder
Mais quand elle n'en fait pas de cas
Y dit: «Celle-là ça prend pas»
Quand il voit une autre entrer
Il est prêt à r'commencer
C'est comme ça toute la journée
Jusqu'à la fin de la veillée

Mais rendu à la maison
Il a pas beaucoup de façon
Et pour s'changer les idées
Y prend un verre de brandy
Quand y voit qu'y est étourdi
Y s'en va s'coucher sus le lit
Y s'met à parler tout haut
C'est comme un vrai radio

Mais rendu vers les minuit
Y a tombé en bas d'son lit
Sa femme qui est enragée
A dit: «T'es après rêver!»
Mais le matin arrivé
Sa femme veut le questionner
Y dit: «Viens pas m'achaler,
C'est bien mieux pour ta santé!»

Voilà sa femme en colère
A y met les deux yeux noirs
A prend le manche à balai
A y casse sur les reins
Je vous dis depuis c'temps-là
Des jeunes filles y en fait pas d'cas
Si toutes les femmes faisaient ça
Les conducteurs ne flirtraient pas

DERNIER REFRAIN

Mais par un singulier hasard
Y arriverait jamais en retard
Mais par un singulier hasard
Y arriverait jamais en retard
Jamais en r'tard!

NOTA: chanson enregistrée avec sa petite famille.

LES MÉDECINS

Depuis que'que temps dans l'monde entier
Hi haha lurette
Les méd'cins veulent se planter
Hi haha lurette
C'est à qui sera l'plus fort
Pour faire ressusciter les morts
Hihi haha, hihahihahalala
Hi haha lurette

Y ont commencé par les animaux
Hi haha lurette
Mais ce qu'il y aurait d'plus beau
Hi haha lurette
Ç' s'rait pas une p'tite affaire
De faire ressusciter les belles-mères
Hihi haha, hihahihahalala
Hi haha lurette

Des morceaux d'singe ils s'font griffer
Hi haha lurette
Pour faire rajeunir leurs idées
Hi haha lurette
On ne s'rait pas étonnés
Dans les poteaux, les voir grimper
Hihi haha, hihahihahalala
Hi haha lurette

À l'hôpital il est allé
Hi haha lurette
Il a fallu l'opérer
Hi haha lurette
Ils l'ont couché sur un boyard
Ils l'ont coupé comme un morceau d'lard
Hihi haha, hihahihahalala
Hi haha lurette

L'opération avait eu lieu
Hi haha lurette
Ils l'ont cousu comme un soulier d'bœu
Hi haha lurette
Et quand il s'est réveillé
Y a été désappointé
Hihi haha, hihahihahalala
Hi haha lurette

Y pensait qu'il était guéri
Hi haha lurette
Chez lui il est reparti
Hi haha lurette
Et voilà qu'après un mois
Ça l'piquait dans l'estomac
Hihi haha, hihahihahalala
Hi haha lurette

À l'hôpital il est retourné
Hi haha lurette
Aux rayons X ils l'ont passé
Hi haha lurette
Ils l'ont trouvé mal emmanché
Y avait le zipper dérinché
Hihi haha, hihahihahalala
Hi haha lurette

LES POLICEMEN

J'ai chanté sur tous les tons
Sus les filles et les garçons
Des carottes pis des navots
Ah! venez voir comme ils sont beaux
De l'ouvrage aux Canadiens
Et à la grocerie du coin
Je vais vous pousser un air
Sur la force constabulaire
(turlutage)

Ceux qui s'occupent du trafic
Ah! je vous dis, c'est des gens chic
Pour les dames ils sont gentils
Surtout quand y sont jolies
Y ont toujours les mains en l'air
C'est pas pour s'en faire accroire
Si y avait pas ces signaux
On grimperait dans les poteaux
(turlutage)

Je vous dis qu'à Montréal
Il y a des vrais policemen
Rien qu'à les voir défiler
Je vous assure qu'y sont plantés
Des bandits pis des voleurs
Ça s'adonne qu'ils n'ont pas peur
Ils craignent pas de s'faire tuer
Pour protéger la société
(turlutage)

Il y a not' police à cheval
Je vous dis qu'y sont pas mal
Pour aller aux processions

Y font frotter les boutons
Quand on les voit arriver
On a besoin de se planter
Ceux qui ont des cors aux pieds
Y sont bien mieux de se pousser
(turlutage)

Parlons donc des détectives
Je vous dis qu'ils ont les yeux vifs
Ceux qui veulent les enjôler
Ils ont besoin de se planter
Pour entrer dans la maison
Ils nous font une belle façon
Y sont pas aussitôt rentrés
Que la patrouille est à côté
(turlutage)

LES POMPIERS DE SAINT-ÉLOI

J'ai chanté bien des chansons
Sus les vieilles filles et les garçons
Mais ce que j'ai pas chanté
C'est la chanson des pompiers
Faut pas aller dans les grand-villes
Pour trouver les plus habiles
N'allez pas chercher bien loin
Allez donc à Saint-Éloi!
(turlutage)

Dès que l'alarme a sonné
Y prennent pas l'temps de s'habiller
Les culottes sont tout de travers
Et les boutons qui r'volent en l'air
Quand ils montent dans les échelles
Ils ont l'air de vraies sauterelles
Y faut voir s'ils ont l'air fin
Quand ils ont la *hose* en mains
(turlutage)

Vous prenez dans les grand-villes
Les pompiers ont de grosses machines
Mais j'vous dis qu'à Saint-Éloi
Avec un scieau d'eau à la main
Pas besoin d'échelles d'sauvetage
Pour monter tous les courages
Les jeunes filles les r'gardent aller
«Ah! c'qu'y sont-tu fins nos pompiers»
(turlutage)

Je vous dis ces braves pompiers
Y sont jamais fatigués
Quand le feu est terminé

Y sont prêts à recommencer
Celui qui conduit l'attelage
A l'air d'un capitaine d'sauvetage
Comme ils sont tous bien mariés
Ils ont bien des p'tits pompiers
(turlutage)

Un p'tit mot pour les habitants
Ce sont tous de braves gens
Y ont donné au Canada
Des docteurs, des avocats
Les mamans sont courageuses
Ils ont donné des religieuses
Et aussi des bons curés
Qui fassent honneur à not' clergé
(turlutage)

Starr, sa firme de disque, présentait La Bolduc comme une chanteuse comique. Et comique, elle l'était sûrement, chacune de ses chansons présentant des associations de mots et d'idées d'une originalité et d'une drôlerie vraiment inusitées. C'était avant tout l'accent d'une femme heureuse, donc sans amertume.

Dans ces chansons de métiers (ou de professions, parfois), même lorsqu'elle charge un peu, elle le fait toujours avec un petit clin d'œil moqueur, jamais méchant.

De nos jours, on confond trop souvent humour et cruauté. Surtout lorsque l'on vise une personne en particulier. Certains de nos humoristes devraient s'inspirer de notre chère Dame Bolduc puisque plusieurs de ses textes pourraient servir d'exemple à ceux que l'on appelle de nos jours Stand-Up comiques.

Comique, oui elle l'était et son Voleur de poules, surtout à cause de sa conclusion, demeure toujours irrésistible:

Les voleurs contents du coup
[...]
S'dépêchant d'ouvrir le sac
Parce qu'ils voulaient manger
Y en a un qui r'çoit une tape
C'est la bonne femme qu'avait dans l'sac

Et voyons comment elle traite les «agents d'assurances», les «médecins», les «policemen»: quelques flèches à peine satiriques, mais sans plus, se soldant par une très amicale salutation.

Ainsi, La Bolduc puisait sans cesse dans son décor quotidien pour écrire une nouvelle chanson, tout, autour d'elle, lui offrant la magie de l'inspiration spontanée. On raconte que Le commerçant des rues *aurait été créé par une journée d'été à l'heure du dîner. Dans les rues et les ruelles de la ville surgissaient alors les marchands de glace, de bois, de charbon, de légumes. Ce jour-là, l'un d'eux clame sa marchandise, tout en bas de la fenêtre largement ouverte de son logis. Vivement, elle griffonne sur une feuille de calendrier les paroles qu'elle confiera à sa petite fille qui, au piano...*

Parmi ces chansons de métiers figure à la bonne place Les pompiers de Saint-Éloi. *Pourquoi Saint-Éloi? Au cours de mes recherches, j'ai appris que cette localité produisait des gaillards fort impressionnants et, de plus, les pompiers les plus costauds du pays.*

Dans cette chanson, on retrouve une des multiples évocations du clergé, à travers un refrain fort bien construit:

> *Un p'tit mot pour les habitants*
> *Ce sont tous de braves gens*
> *Y ont donné au Canada*
> *Des docteurs, des avocats*
> *Les mamans sont courageuses*
> *Ils ont donné des religieuses*
> *Et aussi de bons curés*
> *Qui fassent honneur à not' clergé»*

Mary Bolduc entretenait avec les membres du clergé des rapports toujours fort harmonieux. Quand elle présentait ses spectacles dans leur salle paroissiale et leur église, une grosse part des recettes grossissait le tronc des bonnes œuvres, ce qui faisait bien l'affaire de l'une et des autres.

Chansons d'amour

TON AMOUR, MA CATHERINE

T on amour, ma Catherine
Est meilleur qu'un citron vert
On ne sait qui te chagrine
Ni qui gagne, ni qui perd
Qu'on badine ou qu'on soit sage
Toi c'est toujours chou pour chou
Tu connais pas gros d'épine
Qui nous pique par tous les bouts
(turlutage)

L'aut' jour d'un air modeste
Quand tu m'as pris mon chapeau
Mais plus vite que l'arbalète
Tu le fis tomber dans l'eau
Et d'un ton plein d'arrogance
Sans me dire ni pour ni quoi
Tu m'adresses l'ordonnance
De m'éloigner bien loin de toi
(turlutage)

Pour te mettre dans l'obligeance
À d'autres je fis l'amour
Et par cette manigance
Je ne te fais plus la cour
J'ai beau dire et j'ai beau faire
Le Canayen est amoureux
Un cheveu de celle qu'il aime
Est plus fort que quatre bœufs!
(turlutage)

D'un plein verre de marjolaine
Dont je te fis le présent

[133]

En récompense de ma peine
Tu l'as cassé en ma présence
Mais si j'eus à mon courage
D'avoir un peu réfléchi
Ma main qui brûlait de rage
T'aurait cassé le bec aussi
(turlutage)

TOURNE MA ROULETTE

La belle s'est endormie par-dessous un pommier
La belle s'est endormie par-dessous un
Tourne ma roulette
Par-dessous un
Tourne ma roulette
Par-dessous un
Ah! oui j't'en plains
Tourne ma roulette
Par-dessous un pommier

Un bon vieillard passa pis lui a pris son panier
Un bon vieillard passa pis lui a pris son
Tourne ma roulette
Pis lui a pris son
Tourne ma roulette
Pis lui a pris son
Ah! oui j't'en plains
Tourne ma roulette
Lui a pris son panier

Dites-moi donc Mam'zelle qu'avez-vous dans c'panier-là?
Dites-moi donc Mam'zelle qu'avez-vous dans ce pan
Tourne ma roulette
Qu'avez-vous dans ce pan
Tourne ma roulette
Qu'avez-vous dans ce pan
Ah! oui j't'en plains
Tourne ma roulette
Qu'avez-vous dans c'panier-là?

C'est des oranges, Monsieur, en achèteriez-vous pas?
C'est des oranges, Monsieur, en achèteriez
Tourne ma roulette

En achèteriez
Tourne ma roulette
En achèteriez
Ah! oui j't'en plains
Tourne ma roulette
En achèteriez-vous point?

Mais dites-moi donc, Monsieur, quelle envie avez-vous?
Mais dites-moi donc, Monsieur, quelle envie a
Tourne ma roulette
Quelle envie a
Tourne ma roulette
Quelle envie a
Ah! oui, j't'en plains
Tourne ma roulette
Quelle envie avez-vous?

L'envie que j'ai, Mam'zelle, ça serait de vous embrasser
L'envie que j'ai, Mam'zelle, ça serait de vous en
Tourne ma roulette
Ça serait de vous en
Tourne ma roulette
Ça serait de vous en
Ah! oui, j't'en plains
Tourne ma roulette
Ça serait de vous embrasser!

Oh! venez donc, Monsieur, contenter vos envies
Oh! venez donc, Monsieur, contenter vos
Tourne ma roulette
Contenter vos
Tourne ma roulette
Contenter vos
Ah! oui, j't'en plains
Tourne ma roulette
Contenter vos envies!

*M*adame Édouard Bolduc fut-elle une grande amou-
reuse? Sûrement!

À l'âge de vingt ans, elle épousa ce brave homme
qui fut pour elle le compagnon idéal et qui, quelques
heures avant sa mort, lui tenait encore la main avec la
même tendresse. Cette belle histoire d'amour fut donc le
roman de toute sa vie.

Or on écrit rarement sur le bonheur. Et notre
grande amie fut une femme comblée qui possédait en elle,
pour mieux la diffuser à travers ses chansons, cette joie
de vivre tellement plus communicative que les peines de
cœur et les frustrations des amours malheureuses. Et
puis, à son époque, on parlait très peu de ces «choses-
là».

Pourtant, en étudiant son répertoire de près, on
découvre, entre autres, ces deux très belles chansons
d'amour, et plus particulièrement ce couplet:

Pour te mettre dans l'obligeance
À d'autres je fis l'amour
Et par cette manigance
Je ne te fais plus la cour
J'ai beau dire et j'ai beau faire
Le Canayen est amoureux
UN CHEVEU DE CELLE QU'IL AIME
EST PLUS FORT QUE QUATRE BŒUFS!

Comment rester insensible à une si poétique évocation?

Chansons sociales ou de mœurs

AUX CHAUFFEURS D'AUTOMOBILES

Dans une ville comme Montréal
Après tout' on n'est pas mal
Mais il faut bien se watcher
Les règlements faut pas oublier
(turlutage)

Faut pas parquer trop longtemps
Devant chez vous, pareillement
Aux lumières rouges vous arrêt'rez
Y en a une dizaine pour vous watcher
(turlutage)

Il faut pas aller trop vite
Y a des spotters en bicycle
Pis y en a d'aut' à pied
Qui vous cernent de tous côtés
(turlutage)

Et pour mieux vous reposer
À la campagne vous y allez
Vous êtes pas rendu bien loin
Qu'on vous arrête en chemin
(turlutage)

Et d'autres qui sont pas arrêtés
Au stop qui était marqué
Au recorder vous paraîssez
Du gaz de moins pour se prom'ner
(turlutage)

Après ce désagrément
Votre femme d'un air choquant:
«Tu vas vendre ton char, Armand,

Ou bien je m'en vais chez mouman!»
(turlutage)

Ceux qui vous causent ces ennuis
C'est des bons garçons aussi
Mais ils sont payés pour ça
C'est la même chose dans les États
(turlutage)

LES BELLES-MÈRES
(Duo)

LUI

Tu me d'mandes pourquoi je suis triste
Ma belle-mère est rendue à la maison
Elle est toffe et rien ne lui résiste
Quand elle parle elle a toujours raison

ELLE

Si t'étais pas mou comme une chique
Elle n'mettrait pas le nez dans tes chaudrons
À ta place je prendrais une brique
J'y en donn'rais cinq six coups sus l'citron
(tyrolienne)

LUI

On voit que tu connais ma belle-mère
Elle m'fait peur rien qu'à la regarder
Elle a d'l'air d'une vieille sorcière
On dirait d'une vieille fille enragée

ELLE

Puisqu'elle a si mauvais caractère
Si t'avais pas d'l'air aussi tatais
J'y aurais dit «mêle-toi donc de tes affaires»
J'y aurais montré de quel point tu chaussais
(tyrolienne)

LUI

Tout cela c'est bien facile à dire
S'il y en a qui veulent se marier

Faites pas comme moi, pauv' martyr
Croyez-moi j'suis ben mal emmanché

ELLE

Dans la vie chacun a ses misères
Moi je prends la vie du bon côté
Si tu veux pour oublier ta belle-mère
Tous les deux nous allons turluter
(tyrolienne)

LUI

Comme c'était hier sa fête
Elle m'a demandé pour l'embrasser
Comme elle prise et qu'elle sent la vieille pipe
J'ai manqué de mourir empoisonné

ELLE

Veux-tu que je te donne la manière
Si tu veux bien t'en débarrasser
Mets-y donc une bonne pilule dans sa théière
Elle viendrait plus jamais t'achaler
(tyrolienne)

NOTA: enregistrée avec Zézé (André Carmel), père de Claude Taillefer, de Télé-Métropole et, par conséquent, grand-père de Marie-José Taillefer, Mme René Simard!

LES FILLES DE CAMPAGNE

C'est aux jeunes filles de campagne
Que je chante cette chanson
Vous êtes la perle des montagnes
Recherchées par nos garçons
(turlutage)

Dans cette place que j'vous l'dis
Que les jeunes filles sont jolies
Ils n'donnent pas tout leur p'tit change
Pour du rouge de pharmacie
(turlutage)

Elles ont des belles manières
Puis savent s'faire respecter
On ne les voit pas le soir
Au bal pour aller danser
(turlutage)

Elles sont pas écourtichées
Elles s'habillent simplement
Elles sont pas décolletées
Par-derrière ni par-devant
(turlutage)

Elles veillent toutes en famille
Accompagnées de leurs parents
C'est comme ça que ça s'passe
Dans nos familles d'habitants
(turlutage)

Chères petites filles des campagnes
Restez avec vos parents
Y a des beaux garçons en ville

Mais c'est pas tous des travaillants
(turlutage)

Quand vous voudrez vous marier
N'regardez pas rien qu'la beauté
Si le garçon a du cœur
Vous aurez bien plus d'bonheur
(turlutage)

GARDE-TOUÉ CASE T'AS D'L'AIR

Y'a une fille autour d'chez nous
Elle a l'nez fourré partout
Si nous arrive d'la visite
Elle n'attend pas qu'on l'invite

REFRAIN

Mais garde-toué donc, toué, case t'as d'l'air
Avec ton p'tit chapeau
Qui te fait mal en sirop
Et ton p'tit jupon de v'lours
Avec des fleurs tout l'tour
Y sont si naturelles
Que ç'attire les mouches à miel!

Quand il s'agit de bavasser
Y en a pas pour l'accoter
Les mâchoires lui marchent tout le temps
C'est comme un moulin à vent

C'est une fille qu'est bien plantée
Elle a l'corps comme un' épée
Elle est maigre c'est effrayant
Mais j'vous dis qu'il y en a d'dans

Elle se peigne en pompadour
Avec des postiches tout l'tour
Elle s'arrache les cils des yeux
Pour plaire à son amoureux

Quand a va dans une veillée
Pis qu'ça commence à chanter
Elle a pas encore fini
Que tout l'monde est endormi

Le garçon qui va la marier
Y va être ben mal emmanché
Car y va avoir une belle-mère
Qui s'met l'nez dans ses affaires

Quand il va prendre un verre de bière
Je vous dis qu'y va saouwère
Si y fait pas son bon garçon
Y va goûter du bâton

Ça prendra un beau boxeur
Ou bien un bon lutteur
Quand il voudra s'entraîner
Y aura qu'à la faire choquer

Durant que le gars scorait
La police qui le watchait
Y arait pris son numéro
Si ç'avait été une auto!
(turlutage)

Y va la faire mourir c'gars-là!
(musique)

Il a sorti son calepin
Puis des pucks de gamins
Voyant qu'il le connaissait pas
Il s'approchait à grands pas
(turlutage)

Y va la faire mourir c'gars-là!
(musique)

En voyant son gros bâton
Je vous dis le pauv' garçon
Disparut comme un oiseau

Par la rue Papineau!
(turlutage)

Y va nous faire mourir c'gars-là!
(musique)

J'AI UN BOUTON SUS L'BOUT D'LA LANGUE

Me voilà mal emmanchée
J'ai un bouton sus l'bout du nez
Quand je viens pour regarder
J'vous dis que ça m'fait loucher
J'vous assure c'est bien souffrant
Ça m'a fait faire du mauvais sang
Je m'suis mis une bonne onguent
Y a guéri dans pas grand temps
Pis j'en ai un sus l'bout d'la langue
Qui m'empêche de turluter
Pis ça me fait bégagué bégaybégayer!

J'ai un clou sus l'nerf du cou
Qu'est aussi grand qu'un trente sous
J'en ai un sur le menton
Qu'est aussi gros qu'un citron
J'en ai un autre sus l'bord d'l'oreille
Qui m'sert de pendant d'oreille
J'vous assure qu'y ternissent pas
Sont garantis quatorze carats
Pis j'en ai un sus l'bout d'la langue
Qui m'empêche de turluter
Pis ça me fait bé...

J'ai d'la misère à marcher
J'ai une mordure en dessous du pied
Quand je mets mes beaux souliers
J'vous assure que ça m'fait boiter
J'ai fait ça l'été passé
Quand j'suis allée au Saguenay
C'est en allant m'baigner
Une écrevisse m'a pincé l'pied
Pis j'ai un bouton sus l'bout d'la langue

Qui m'empêche de turluter
Pis ça me fait bé...

Y a des fois j'ai l'rhumatisme
Et d'aut' fois j'ai la peau cuite
Quand je mange d'la soupe aux pois
J'ai des brûl'ments d'estomac
Pour guérir mon mal de reins
J'mange des crêpes de sarrazin
Si ça continue comme ça
Y vont chanter mon Libera
Pis j'ai un bouton sus l'bout d'la langue
Qui m'empêche de turluter
Et ça me fait bé...

Si vous êtes comme ça mes amis
Ça veut dire que vous êtes mal pris
J'ai un conseil à vous donner
Vous êtes mieux d'vous faire soigner
Avant que ça aille trop loin
Aller voir un médecin
Quand on attend trop longtemps
Ça finit par un enterrement
J'ai un bouton sus l'bout d'la langue
Qui m'empêche de turluter
Et ça me fait bé...

JE M'EN VAIS AU MARCHÉ

Je m'en vais au marché le lundi
C'est pour acheter des têtes
Oh!
Des têtes
Des grosses têtes
Des p'tites têtes
Toutes sortes de têtes
Encore des têtes
Seulement des têtes
Rien que des têtes
Toujours des têtes
Parlons des têtes
J'aimerai ma Mie, j'aimerai toujours
Et pi-ta-lour-lour-lour!

Je m'en vais au marché le mardi
C'est pour acheter des cous
Oh!
(Reprise comme précédemment)

Je m'en vais au marché le mercredi
C'est pour acheter des bras
Oh!
(Reprise comme précédemment)

Je m'en vais au marché le jeudi
C'est pour acheter des genoux
Oh!
(Reprise comme précédemment)

Je m'en vais au marché le vendredi
C'est pour acheter des jambes
Oh!
(Reprise comme précédemment)

Je m'en vais au marché le samedi
C'est pour acheter des pieds
Oh!
Des pieds
Des gros pieds
Des p'tits pieds
Toutes sortes de pieds
Encore des pieds
Seulement des pieds
Rien que des pieds
Toujours des pieds
Parlons des pieds!
Des jambes
Des grosses jambes
Des p'tites jambes
Toutes sortes de jambes
Encore des jambes
Seulement des jambes
Rien que des jambes
Toujours des jambes
Parlons des jambes!
Des genoux
Des gros genoux
Des p'tits genoux
Toutes sortes de genoux
Encore des genoux
Seulement des genoux
Rien que des genoux
Toujours des genoux
Parlons des genoux!
Des bras
Des gros bras
Des p'tits bras
Toutes sortes de bras
Encore des bras
Seulement des bras

Rien que des bras
Toujours des bras
Parlons des bras!
Des cous
Des gros cous
Des p'tits cous
Toutes sortes de cous
Encore des cous
Seulement des cous
Rien que des cous
Toujours des cous
Parlons des cous!
Des têtes
Des grosses têtes
Des p'tites têtes
Toutes sortes de têtes
Encore des têtes
Seulement des têtes
Rien que des têtes
Toujours des têtes
Parlons des têtes!
J'aimerai ma Mie, j'aimerai toujours
Et pi-ta-lour-lour-lour

LES MARINGOUINS

Je suis allée me promener
À la campagne pour l'été
Je vous dis que j'en ai arraché
Les maringouins m'ont tout mangée
Quand y m'ont vu arriver
Y m'ont fait une belle façon
Sont venus au-devant d'moé
C'était comme une procession
(turlutage)

Les maringouins c'est une bibitte
Faut se gratter quand ça nous pique
Je vous dis que c'est bien souffrant
C'est cent fois pire que l'mal aux dents
J'ai les jambes pleines de piqûres
C'est comme un vrai morceau de forçure
J'ai la peau tout enlevée
C'est parce que je m'suis trop grattée
(turlutage)

Mais partout oùsque j'allais
Les maringouins me suivaient
Je courais tellement fort
Que j'en avais des bosses dans l'corps
Quand j'allais voir la vieille Canard
Y m'couraillaient jusqu'au hangar
Ils étaient tellement enragés
Qu'ils m'ont presque dévorée
(turlutage)

Le soir après j'étais couchée
Autour d'ma tête y v'naient chanter
Voilà que j'allume ma lampe

[155]

Pis j'commence à les courailler
Y en a un avec sa lancette
Qui s'en vient sus ma jaquette
Mon mari à mes côtés
J'vous dis qui l'a pas manqué
(turlutage)

Je vous dis qu'deux mois après
J'étais contente de prendre le train
Mais pour m'en débarrasser
Y m'ont mis d'une boîte pis m'ont checquée
Quand mes amis m'ont vue
Ils ne me reconnaissaient plus
J'avais l'nez presque mangé
Pis l'visage tout boursouflé
(turlutage)

LE PROPRIÉTAIRE

J'avais un propriétaire
Ça c'était une vraie commère
Il venait écornifler
Près de la maison à la journée
Quand il voyait quelqu'un rentrer
Il v'nait s'assir dans l'escalier
Si je balayais ma galerie
C'était pas long qu'était sorti
(turlutage)

Quand mon mari fend du bois
Il lui crie d'arrêter ça
Si ma fille joue du piano
Y s'met à cogner sur les tuyaux
Quand je pratique mes chansons
Et que je joue du violon
Il me dit d'attendre le soir
Avec le chat faire mes concerts
(turlutage)

Quand l'boulanger vient sonner
Lui et sa femme viennent regarder
Si ça lui prend bien du temps
Pour délivrer un p'tit pain blanc
Quand je fais v'nir des liqueurs
Ça les tracasse bien de n'pas savoir
Si c'est d'la bière ou du porter
Ou bien du vin de gadelles noires
(turlutage)

C'est toujours pas de ses affaires
Ce que j'peux manger ou bien boire
Y a qu'à watcher c'qu'on renvoie

[157]

Par les tuyaux des cabinets
Mon propriétaire y est bien curieux
Là où il y a un trou y s'met les yeux
À part de d'ça y a l'nez si fin
Qu'y sait toujours quand j'prends mon bain
(turlutage)

Des propriétaires comme ça
J'vous dis qu'ça m'énerve pas
J'm'en vais l'faire assez souffrir
Qui va être obligé d'partir
Je vous dis qu'au bout d'un an
Y va avoir les cheveux blancs
J'vais l'faire enrager tellement
Qu'y va falloir qu'y sacre le camp!
(turlutage)

QUAND J'ÉTAIS CHEZ MON PÈRE

Quand j'étais chez mon père
(turlutage)
Quand j'étais chez mon père
Garçon à marier
Garçon à marier diaé
Garçon à marier!

Je n'avais rien à faire
(turlutage)
Je n'avais rien à faire
Qu'une femme à chercher
Qu'une femme à chercher diaé
Qu'une femme à chercher!

À présent j'en ai une
(turlutage)
À présent j'en ai une
Qui me fait enrager
Qui me fait enrager diaé
Qui me fait enrager!

Elle m'envoie à l'ouvrage
(turlutage)
Elle m'envoie à l'ouvrage
Sans boire ni manger
Sans boire ni manger diaé
Sans boire ni manger!

Quand je reviens d'l'ouvrage
(turlutage)
Quand je reviens d'l'ouvrage
Tout mouillé tout glacé
Tout mouillé tout glacé diaé
Tout mouillé tout glacé!

Je m'assis à la porte
(turlutage)
Je m'assis à la porte
Comme un pauvre étranger
Comme un pauvre étranger diaé
Comme un pauvre étranger!

Rentre mon petit Jean, rentre
(turlutage)
Rentre mon petit Jean, rentre
Rentre te réchauffer
Rentre te réchauffer diaé
Rentre te réchauffer!

Soupe mon petit Jean, soupe
(turlutage)
Soupe mon petit Jean, soupe
Pour moé j'ai bien soupé
Pour moé j'ai bien soupé diaé
Pour moé j'ai bien soupé!

J'ai mangé trois oies grasses
(turlutage)
J'ai mangé trois oies grasses
Et des pigeons lardés
Et des pigeons lardés diaé
Et des pigeons lardés!

Les os sont sous la table
(turlutage)
Les os sont sous la table
Si tu veux les ronger
Si tu veux les ronger diaé
Si tu veux les ronger!

Petit Jean baisse la tête
(turlutage)
Petit Jean baisse la tête
Et se met à brailler
Et se met à brailler diaé
Et se met à brailler!

Braille mon petit Jean, braille
(turlutage)
Braille mon petit Jean, braille
Pour moi je vais chanter
Pour moi je vais chanter diaé
Pour moi je vais chanter!
(turlutage)

REGARDEZ DONC MOUMAN!

Regardez donc mouman comme elle était respectable
Elle avait pas quinze ans qu'elle voulait se marier
(turlutage)

Mais je f'rai pas comme elle, me laisser enjôler
J'aime mieux rester vieille fille et mourir enragée
(turlutage)

Savez-vous pourquoi y a tant d'vieilles filles d'vieux
    garçons
C'est parce qu'ils étaient pas de la même opinion
(turlutage)

Parlons donc de ma belle-mère, elle a les yeux tout de
    travers
Elle a les crocs tellement longs qu'ils lui traversent le
    menton
(turlutage)

Parlons donc de mon beau-frère, y aime les filles qu'y
    en voit pas clair
S'il sentait pas tant des pieds y pourrait trouver à se
    marier
(turlutage)

Si vous avez un homme qui est jamais à la maison
Passez-lui donc les beignes en lui donnant des coups
    d'bâton
(turlutage)

Regardez donc mon père, ça c'était un homme d'affaires
Était gros comme un hareng mais ça s'adonne qu'y
    n'avait d'dans
(turlutage)

Au bout de quatorze ans, il avait dix-huit enfants
C'était bien encourageant de travailler pour le
  gouvernement
(turlutage)

SI VOUS AVEZ UNE FILLE QUI VEUT SE MARIER

Si vous avez une fille qui veut se marier
C'est à vous la bonne maman de tout lui expliquer:
«Faut que tu restes au logis
Pour plaire à ton p'tit mari
Tu auras de l'agrément
Avec tes petits enfants»
(turlutage)

Mais si tous les maris ne sont pas tous garantis
C'est qu'il y a bien de ces femmes avec de grands défauts
    aussi
Elles sont toujours marabouts
Elles veulent toujours faire à leur goût
Si leurs maris veulent leur parler
Dans leur coin s'en vont bouder
(turlutage)

Quand on est fiancée on commence à s'préparer
On s'achète du beau coton pour se faire de beaux jupons
On s'achète d'la flanellette
Pour se faire des belles jaquettes
Avec un peu d'ambition
Je vous dis que c'est pas long
(turlutage)

La veille de nos noces on veut pas se coucher
On a peur de passer tout dret, pas être capable de
    s'réveiller
Le matin de nos noces
On commence à se poudrer
On se met un petit peu de fard
On a l'air d'une vraie poupée
(turlutage)

Quand tu s'ras mon époux j'te donn'rai d'la soupe au
  chou
J'te plant'rai d'la bonne salade, j'te f'rai cuire des
  belles grillades
J'te donn'rai tout' les douceurs
J't'aimerai de tout mon cœur
Je m'assirai sur tes genoux
Dieu bénira notre chez-nous
(turlutage)

Y VA M'FAIRE MOURIR CE GARS-LÀ!

Mon amie qui s'est mariée
Il y a quelques années
Elle vous a un p'tit mari
Ah! qu'il est toujours sorti
(turlutage)

Y va la faire mourir ce gars-là!
(musique)

Ils s'sont ben trop pressés
Si c'était à r'commencer
Mais chacun de leur côté
Saurait mieux s'placer les pieds
(turlutage)

Y va la faire mourir c'gars-là!
(musique)

Elle l'a pris bien trop joli
C'est un p'tit oiseau de nuit
Si j'avais un gars comme ça
Vous m'verriez r'trousser les bras!
(turlutage)

Y m'f'ra pas mourir c'gars-là!
(musique)

On le voit qui se promène
Sur le parc Lafontaine
Avec des jeunes poulettes
Minces comme des épinglettes
(turlutage)

Y va la faire mourir c'gars-là!
(musique)

Pour mieux passer son temps
Y va s'asseoir dessus les bancs
Mangeant des peanuts salées
Pis d'la bonne crème glacée
(turlutage)

Y va la faire mourir c'gars-là!
(musique)

Le grand art de ce barde national réside, à n'en pas douter, dans son perpétuel sens de l'observation. Pour être exercé avec tant d'aplomb, d'abondance et de virtuosité, il fallait qu'il découle d'un don inné, authentiquement personnel. Le génie de la chanson populaire peut à la rigueur être cultivé. S'apprendre, jamais!

Tout comme Aristide Bruant, grand seigneur et premier chansonnier en titre de Montmartre qui se penchait fraternellement sur les miséreux du petit peuple pour en faire les héros de ses poèmes de la rue:

> *C'était un' petit' gonzess' blonde*
> *Qu'avait la gueul' de la Joconde*
> *La fess' ronde et l'téton pointu*
> *Et qu'était aussi bien foutue*
> *Qu'les statues qui montrent leur cul*
> *Dans la rue*
>
> *Elle avait, sous sa toque d'martre*
> *Sur la butt' Montmartre*
> *Un p'tit air innocent*
> *On l'app'lait Rose, elle était belle*
> *A sentait bon la fleur nouvelle*
> *Rue Saint-Vincent*

De même que Vincent Scotto qui, sans connaître une seule note de musique, composa quelque quatre mille succès qui lui survivent:

> *Sous les ponts de Paris*
> *Lorsque descend la nuit...*

Don ou talent, il faut en avoir pour parvenir au succès qu'a connu La Bolduc. La diversité des titres regroupés ici comme «Chansons sociales et de mœurs» nous laisse forcément croire que tout chez «la mère Bolduc» (que Charles Trenet a évoquée ainsi dans sa chanson Dans les rues de Québec) commençait et finissait par une chanson. Comme la grosse abeille si chère à Colette, elle glanait son suc chez les individus qu'elle côtoyait au hasard de ses rencontres, parmi ses relations quotidiennes, dans sa vie de tous les jours. Tout pouvait l'inspirer, même une simple piqûre de maringouin. Le traitement n'est jamais amer, même si le propos ridiculise parfois le sujet de son inspiration, plus instantané que prémédité. De là l'urgent besoin de se hâter d'en rire avant que d'avoir à en pleurer pour citer Beaumarchais. Un peuple évolué n'est-il pas celui qui parvient à rire et à se moquer de ses petits défauts et grands travers?

Si nous avons apprécié et retenu toutes ces chansons depuis tellement longtemps déjà, c'est avant tout à cause des thèmes et des paroles dont la cocasserie l'emporte souvent sur la musique, même si les uns et l'autre se marient parfaitement. Pourtant, avec ou sans turlutage, cette musique n'est pas sans valeur. Elle est faite pour descendre dans la rue et y être rythmée du pied. Sans paroles, elle fait danser en talons hauts ou en... «souliers de bœuf».

Le célèbre musicien André Gagnon a magistralement rendu hommage à la musique de onze chansons de La Bolduc en les harmonisant pour l'Orchestre philarmonique de Hambourg. Paru en 1972, cet album intitulé Les Turluteries fut accueilli comme une forme de consécration.

Chansons engagées

LA CHANSON DU BAVARD

Écoutez mes bons amis
La chanson que je vais vous chanter
C'est à propos du radio
Je vais tout vous raconter
Il y en a qui prétendent
Que j'ai la langue paralysée
Et d'autres se sont imaginé
Que j'avais le nerf du cou cassé

REFRAIN

Il y en a qui sont jaloux
Ils veulent me mett' des bois dans les roues
Je vous dis tant que je vivrai
J'dirai toujours moé pis toé
Je parle comme l'ancien temps
J'ai pas honte de mes vieux parents
Pourvu que j'mets pas d'anglais
Je nuis pas au bon parler français!
(turlutage)

Vous allez me prendre pour une commère
Mais c'est mon désir le plus cher
On nous a toujours enseigné
De bien penser avant d'parler
Il y en a qui sont rigolos
Y ont la bouche comme un radio
Pour les empêcher d'parler
Faut leur ôter l'électricité

On a beau faire not' ch'min droit
Et critiqué par plus bas que soi
C'est la faute des vieilles commères
Qui s'mêlent pas de leurs affaires

Il y en a à la belle journée
Qui passent leur temps à bavasser
Y devraient cracher en l'air
Et ça leur tomberait sus l'nez

Y en a d'autres de leur côté
Qui m'trouvent pas assez décolletée
Essayer de plaire à tout le monde
J'vous dis c'est dur en cironde
Je m'habille modestement
Pis mes chansons sont d'l'ancien temps
Mais partout où je vais turluter
J'ai pas honte de me présenter

LES FEMMES

Les femmes qu'on me pardonne
Sont bien trop méprisées
Il faudrait que les hommes
Leur laissent plus de liberté

REFRAIN

Leur laissent plus de liberté
La destinée la rose au bois
Leur laissent plus de liberté
Leur laissent plus de liberté

J'entends par ces paroles
Les hommes sont plus soumis
Qui laissent les casseroles
Et tout sera fini

Beaucoup de ces compères
Voudraient bien s'ingérer
Dans toutes les affaires
C'est là un grand danger

Une bonne femme de ménage
Doit être appréciée
Et l'homme à son ouvrage
Est toujours mieux placé

Un chapeau à la mode
C'est une nécessité
Qu'elle vienne dans la commode
C'est là la propreté

Se tenant bien en place
Elle se coiffe du chapeau

Tournant devant la glace
Se dit: «Qu'il est donc beau!»

Elle s'empresse de descendre
En entendant du bruit
C'est lui, bien sûr, qui rentre
«Ah! oui, c'est mon mari!»

C'est le temps pour un homme
De faire des compliments
Approuver que de bonnes
Et dire qu'il est charmant

La femme dira tout de suite:
«J'ai donc un bon mari!»
En suivant cette conduite
Ils sont toujours unis

Pour qu'un ménage s'accorde
C'est bien des précautions
Que la femme porte la robe
Et l'homme les pantalons

SI LES SAUCISSES POUVAIENT PARLER

Si la saucisse pouvait parler
Elle dirait la vérité
Mais s'il faut croire les commerçants
C'est du porc qu'il y a dedans
Avez-vous déjà mangé
De la saucisse roulée
Avec quoi qu'elle est bourrée?
C'est le secret des bouchers
(turlutage)

On me dit que c'est du porc
Moé j'vous dis que c'est du chien mort
Du cheval ou du p'tit chat
Du cochon il n'y en a pas
La guerre a pris de leurs boyaux
D'la saucisse et des chiens chauds
Les hot dogs sont pas contents
Que la saucisse y rentre dedans
(turlutage)

Voilà qu'y partent à s'chicaner
C'est une bataille de viandes hachées
Les hot dogs s'mettent à japper
La saucisse s'met à beugler
Les hot dogs sont insultés
De s'faire traiter d'immigrés
«Moi j'suis faite au Canada
Pis toé tu viens des États»
(turlutage)

Dans la crise du chômage
La saucisse est en usage
On la trouve un peu partout

À trois livres pour trente sous
On en voit sur le comptoir
Du matin jusqu'au soir
Les hot dogs sont en colère
En la regardant de travers
(turlutage)

Pour les gens qui digèrent pas
Y a rien de mieux que ça
Et pour ceux qui ont pas d'dents
Y abîmeront pas leurs dents
Reconnaissez-la et donnez
La saucisse que vous aimez
N'allez pas chercher plus loin
Mangez tout ce qui est canadien
(turlutage)

LA LUNE DE MIEL

Pour les hommes j'ai chanté
Toutes sortes de vérités
Mais mesdames depuis que'que temps
Vous changez, c'est effrayant
(turlutage)

On voit passer dans la rue
Des jeunes femmes les jambes nues
Les cheveux courts, des pantalons
On dirait de vrais garçons
(turlutage)

Y en a qui sont pas gênées
Partout on les voit fumer
Y en a même qui fument la pipe
Pis y en a d'autres qui prennent une chique
(turlutage)

Si le père Adam avait su ça
Y aurait resté le pommier là
Les hommes seraient plus contents
Si on les imitait pas tant
(turlutage)

Quand on va en automobile
Et pis qu'y manque de gazoline
Les hommes nous font débarquer
Si t'es pas contente tu peux walker
(turlutage)

Des permanentes elles s'font donner
Cinq ou six fois par année
Bien vite on les verra aller

Chez l'barbier pour s'faire raser
(turlutage)

Quand un homme vient de s'marier
Sa femme est pleine de qualités
Mais la lune de miel passée
C'est rien que des défauts qu'elle a
(turlutage)

Mais malgré tous ses défauts
La femme y a rien de plus beau
Qu'elle soit laide ou une beauté
Les hommes peuvent jamais s'en passer
(turlutage)

Chansons engagées? Pourquoi pas!

Avec un petit sourire en coin dans la voix, ne s'engage-t-elle pas délibérément en prenant publiquement position contre ceux qui tentent de la dénigrer? En devenant inconsciemment féministe et même «masculiniste» bien avant le temps? En faisant sa petite enquête sur la viande avariée quelque quarante ans avant celle de la CECO? En mettant en garde, en fin de compte, tous ses semblables contre certaines attitudes en vogue durant les années folles? Autorisée par l'ampleur de son rayonnement, cette voix du peuple pouvait tout se permettre, même de faire avec cette ironique expression qui la caractérisait des couplets et des refrains à caractère social.

La chanson du bavard

Ayant appris que certaines ligues bien-pensantes faisaient des pressions pour que ses disques soient interdits sur les ondes radiophoniques à cause de leur vulgarité et de certains accrocs au bon parler français, elle ne tarde pas à rétorquer à sa façon:

Écoutez mes bons amis
La chanson que je vais vous chanter
C'est à propos du radio
Je vais tout vous raconter
[...]
On a beau faire not' ch'min droit
Et critiqué par plus bas que soi

[181]

C'est la faute des vieilles commères
Qui s'mêlent pas de leurs affaires

Mais elle prend vraiment sa revanche dans le refrain:

Il y en a qui sont jaloux
Ils veulent me mett' des bois dans les roues
[...]
Je parle comme l'ancien temps
J'ai pas honte de mes vieux parents
Pourvu que j'mets pas d'anglais
Je nuis pas au bon parler français!

Pourtant, elle n'avait rien à craindre puisque les ventes de ses disques redoublaient, tout comme les assistances dans les salles où elle était triomphalement acclamée.

Les femmes

Mieux que quiconque, elle est apte à parler aux femmes de sa condition et de son temps. Ayant débuté sur le marché du travail dès l'âge de treize ans, elle a par la suite épousé un plombier et donné naissance à treize enfants. Et c'est pour contribuer davantage aux obligations de son ménage et de sa maisonnée qu'elle est retournée travailler en montant sur les planches. Donc, elle connaissait à fond les problèmes de ses... sœurs:

Les femmes qu'on me pardonne
Sont bien trop méprisées
Il faudrait que les hommes
Leur laissent plus de liberté

Une bonne femme de ménage
Doit être appréciée
[...]

C'est le temps pour un homme
De faire des compliments
[...]

Pour qu'un ménage s'accorde
C'est bien des précautions
Que la femme porte la robe
Et l'homme les pantalons!

Si les saucisses pouvaient parler

Fait évident, notre faiseuse de chansons ne manquait pas d'imagination. Telle était la puissance de son talent. Elle savait tirer profit des sujets les plus insolites et les traitait dans l'unique but d'amuser, de faire rire, mais aussi de s'engager:

Si la saucisse pouvait parler
Elle dirait la vérité
[...]
Avec quoi qu'elle est bourrée?
C'est le secret des bouchers

Dans la crise du chômage
La saucisse est en usage
On la trouve un peu partout
À trois livres pour trente sous
[...]
Les hot dogs sont en colère
En la regardant de travers

De l'interrogation, elle passe même à la dénonciation, ce qui fait d'elle une auteure d'avant-garde. Rappelons-nous cette enquête sur les viandes avariées... Comme quoi les poètes chantant comme Mary sont souvent visionnaires.

La lune de miel

Dans cette chanson, elle s'engage de nouveau en tâchant de mettre son entourage en garde contre les modes et les mœurs des années folles d'après-guerre.

Certaines d'entre elles étaient condamnées par le clergé et dans nos «bonnes» familles.

Tout à coup, ce fut l'avènement de «la garçonne», alors que Poiret et Chanel coupèrent les cheveux, les jupes en éliminant le corset...

Tout à coup les femmes se mirent à fumer, à conduire l'automobile, à danser le charleston et d'autres danses défendues.

Ici, Mary Travers-Bolduc ne juge pas, ne condamne pas, ne faisant en fait que décrire un état social. Nullement moraliste, elle se permettait tout juste quelques conseils:

> *Pour les hommes j'ai chanté*
> *Toutes sortes de vérités*
> *Mais mesdames depuis que'que temps*
> *Vous changez, c'est effrayant*

Une image vaut mille mots? Une chanson les résume tous!

Chansons saisonnières

LE BAS DE NOËL

Ah! c'est dans le temps de Noël
Qu'on se sent tout envahis
On sort du bon vin de gadelles
On en passe à nos amis

REFRAIN

Quand arrive le jour de Noël
On se donne des petits présents
Aux enfants un beau bas de Noël
Et comme ça tout le monde est content
(turlutage)

Moé j'achète toutes sortes d'affaires
Des oranges et des bonbons
Puis les hommes c'est le contraire
Ils s'achètent un p'tit flacon

Dans l'courant de la journée
On reçoit la parenté
Pour avoir une belle façon
Les hommes se mouillent le gorgoton

Ah! c'est dans le temps de Noël
Les filles ont une belle façon
Elles s'arrangent pour être belles
Pour attirer les garçons

J'vous dis que dans c'temps-là
Les garçons on les voit pas
Ils s'arrangent pour se chicaner
Avant que les Fêtes sont arrivées

EN REVENANT DES FOINS

Mais c'est en revenant des foins
Que j'ai rencontré Tit-Jos
J'étais sur le chemin
Assis bien
Et pis lui dans son berlot
Car vous m'attendrez bien

VOIX D'ENFANTS

J'étais sur le chemin
Assis bien
Et pis lui dans son berlot
Car vous m'attendrez bien

Et il me dit bien gentiment
Voulez-vous embarquer dedans
Comme j'étais fatiguée
Envoye bien
J'ai pas pu lui refuser
Car vous m'attendrez bien

VOIX D'ENFANTS

Comme j'étais fatiguée
Envoye bien
J'ai pas pu lui refuser
Car vous m'attendrez bien

Moi j'étais assise dans le berlot
Que je regarde aller Tit-Jos
J'vous dis qu'il avait chaud
Aussi bien
Que l'eau lui coulait sus l'dos
Car vous m'attendrez bien

VOIX D'ENFANTS

J'vous dis qu'il avait chaud
Aussi bien
Que l'eau lui coulait sus l'dos
Car vous m'attendrez bien

Comme il était un beau garçon
Je lui ai fait une belle façon
Il sentit d'la chaleur
On voit bien
Qu'il en était tout en sueur
Car vous m'attendrez bien

VOIX D'ENFANTS

Il sentit d'la chaleur
On voit bien
Qu'il en était tout en sueur
Car vous m'attendrez bien

Tout d'un coup s'est arrêté
Et voilà qu'y a débarqué
Sur l'herbe il s'est assis
Aussi bien
Et pis moé j'ai fait comme lui
Car vous m'attendrez bien

VOIX D'ENFANTS

Sur l'herbe il s'est assis
Aussi bien
Et pis moé j'ai fait comme lui
Car vous m'attendrez bien

Comme il a vu que j'étais niaise
Y m'a demandé d'aller aux fraises
Jusque-là ça allait très bien

Aussi bien
Mais voilà-t-y pas que plus loin
Car vous m'attendrez bien

VOIX D'ENFANTS

Jusque-là ça allait très bien
Aussi bien
Mais voilà-t-y pas que plus loin
Car vous m'attendrez bien

Il a voulu m'prendre dans ses bras
Et pis moé j'y ai dit: «Fais pas ça!»
Il est v'nu tout en grimaces
Aussi bien
Que j'y voyais pas la face
Car vous m'attendrez bien

VOIX D'ENFANTS

Il est v'nu tout en grimaces
Aussi bien
Que j'y voyais pas la face
Car vous m'attendrez bien

Mais il voulait pas me lâcher
Et je me suis mise à crier
On était dans les champs
Aussi bien
Il n'y avait pas d'habitants
Car vous m'attendrez bien

VOIX D'ENFANTS

On était dans les champs
Aussi bien
Il n'y avait pas d'habitants
Car vous m'attendrez bien

Donnez-moé rien qu'un petit baiser
Et pis moé je lui ai dit: «Pousse-toé»
Si tu veux m'embrasser
Aussi bien
T'as seulement qu'à me marier
Car vous m'attendrez bien

VOIX D'ENFANTS

Si tu veux m'embrasser
Aussi bien
T'as seulement qu'à me marier
Car vous m'attendrez bien

FÊTONS LE MARDI GRAS

Pour le bal du Mardi gras, moé j'commence à
    m'préparer
Y a des beaux prix à gagner pour ceux qui vont être
    costumés
Dans l'temps du carnaval, c'est l'bon temps de s'amuser
Danser, rire et chanter, le carême va commencer!

Avec la queue de mon p'tit veau, je me suis garni un
    chapeau
Avec le restant de ses pattes, j'me suis fait une belle cravate
Dans l'temps du carnaval, c'est l'bon temps de s'amuser
Danser, rire et chanter, le carême va commencer!

Avec la peau de mon bélier, j'me suis taillé une paire de
    souliers
Puis avec le restant de sa laine je m'suis fait une paire
    de mitaines
Dans l'temps du carnaval, c'est l'bon temps de s'amuser
Danser, rire et chanter, le carême va commencer!

Dans la peau de mon cochon, je me suis fait un beau
    manchon
Dans la peau d'un caribou, je me suis taillé un tour de
    cou
Dans l'temps du carnaval, c'est l'bon temps de s'amuser
Danser, rire et chanter, le carême va commencer!

Je vous dis que j'ai d'l'air fine avec ma vieille bougrine
Pis mon p'tit jupon barré que ma grand-mère m'avait
    donné
Dans l'temps du carnaval, c'est l'bon temps de s'amuser
Danser, rire et chanter, le carême va commencer!

Avec la blague à tabac qu'appartenait z'à poupa
Je me suis fait une belle sacoche garnie avec d'la plume
   de coq
Dans l'temps du carnaval, c'est l'bon temps de s'amuser
Danser, rire et chanter, le carême va commencer!

Dans la chemise à mon grand-père, je me suis fait un
   beau mouchoir
J'ai déchiré son collet pour me faire une belle paire de
   lacets
Dans l'temps du carnaval, c'est l'bon temps de s'amuser
Danser, rire et chanter, le carême va commencer!

LE JOUR DE L'AN

Préparons-nous son père
Pour fêter le jour de l'An
J'vais faire des bonnes tourtières
Un beau ragoût d l'ancien temps

REFRAIN

C'est dans l'temps du jour de l'An
On s'donne la main
On s'embrasse
C'est l'bon temps d'en profiter
Ç'arrive rien qu'une fois par année

Peinture ton cotteur
Va ferrer ta jument
On ira voir ta sœur
Dans l'fond du cinquième rang

Va t'acheter une perruque
Fais-toé poser des dents
C'est vrai qu't'as rien que moé à plaire
Mais tu serais plus ragoûtant

Tit-Blanc à ton oncle Albert
Doit ben v'nir au jour de l'An
Montre-z-y ton savoir-faire
Comme tu dansais dans ton jeune temps

Tâche pas de perdre la tête
Comme t'as fait il y a deux ans
T'as commencé à voir clair
Quand t'avais pus d'argent

Y en a qui vont prendre un verre
Y vont profiter de c'temps-là
Aujourd'hui ça coûte si cher
Y a tant d'monde qui travaille pas

Il y en a qui sentent la pipe
Et d'autres qui sentent les oignons
J'aime ben mieux vous dire tout d'suite
La plupart sentent la boisson

LES VACANCES

Le temps des vacances est enfin arrivé
On voit les enfants sont pleins de gaieté
Sur le bord de l'eau sont après s'amuser
N'allez pas trop loin vous pouvez vous noyer!

VOIX D'ENFANTS

Voici chers parents
On est tous très contents
Voilà les vacances qui sont arrivées
On va rire et chanter on va bien s'amuser
Pour tout oublier les fatigues de l'année

Dimanche passé j'suis allée me baigner
À la rivière des Prairies y a beaucoup de dangers
Dans le fond de l'eau y a d'la vitre de cassée
J'ai l'orteil coupé et pis l'autre dérinché
(reprise des voix d'enfants)

Tout l'monde était là qui s'tordait de voir ça
Personne ont voulu venir pour me secourir
Y avait un gros chien qui pataugeait dans l'eau
J'l'ai pogné par la patte pis j'y ai embarqué sus l'dos!
(reprise des voix d'enfants)

Sus l'bord de la grève le chien s'est mis à japper
La peur m'a pris et pis je me suis sauvée
Le chien enragé a couru après moé
Il m'a pognée par la couette et m'l'a tout arrachée!
(reprise des voix d'enfants)

Rendue à la maison mon mari m'attendait
Il voulait aller à la pêche au brochet
Mais toute la veillée y a pogné des ménés

Moé ç'a bien mordu j'ai pogné d'la morue!
(reprise des voix d'enfants)

Les enfants étaient là quand on est arrivés
Y ont pris les ménés j'vous dis qu'y se sont sauvés
Au parc Lafontaine y ont été les porter
Si vous voulez les voir y sont après nager!
(reprise des voix d'enfants)

C'est aux jeunes mamans que j'm'adresse maintenant
Faites attention veillez sur vos enfants
Espérant qu'à l'automne y vont être reposés
Car au mois d'septembre les classes vont recommencer!
(reprise des voix d'enfants)

VOILÀ LE PÈRE NOËL QUI NOUS ARRIVE

C'est aux petits enfants
Que je m'adresse maintenant
Si vous voulez des présents
Tâchez d'être obéissants

REFRAIN

Voilà le Père Noël qui nous arrive
(turlutage)
Avec ses belles rennes
Et pis ses étrennes
Pour qu'il soit de bonne humeur
Tâchez de vous coucher d'bonne heure! *(bis)*

On s'en va au magasin
Pour s'acheter un beau sapin
Et aussi des p'tites bébelles
Pour garnir l'arbre de Noël

Il faut bien se préparer
Pour recevoir la parenté
Des bons beignes et pis des tartes
Et un bon ragoût de pattes

Quand ça vient le temps des Fêtes
On sait pas où s'mett' la tête
D'la visite ici et là
Faut se coucher sur le grabat

Après la messe de minuit
Les parents pis les amis
La table est préparée
Ils s'en viennent réveillonner

Après qu'on a bien mangé
Tout l'monde commence à chanter
D'autres qui dansent des cotillons
Qui fait branler la maison

Après que Noël est passé
On voudrait se reposer
Les enfants avec leurs bébelles
Qui nous crient dans les oreilles

Femme-orchestre, cette artiste est née particulière-
ment douée. Elle portait en elle les résonances musicales
et folkloriques de ses origines, de son coin de terre, de
son pays. D'instinct, très tôt, elle manie avec aisance et
brio le violon, l'harmonica, la guimbarde et l'accor-
déon. Fidèle aux traditions, elle aimait la fête, les
réunions familiales, la danse, les amis, les voisins, le
public... Mais par-dessus et avant tout, elle ne vivait
que pour les siens, ses enfants.

    C'est certainement pour eux qu'elle ajouta à son
répertoire Le bas de Noël, En revenant des foins, Les
vacances, Voilà le Père Noël *qui nous arrive, autant de*
chansons non dépassées et qu'elle enregistra avec la
voix de ses petits-enfants. Chacune d'elles reflète la joie
de vivre, le rêve, l'espoir. Pourtant son grand cœur de
maman ne fut guère épargné puisqu'elle perdit neuf
bébés, les premiers, victimes de la grippe espagnole.
Quelles terribles épreuves ajoutées à tant d'autres!

    Pourtant la tristesse ne l'inspira guère, Mme Édouard
Bolduc ne pouvant être autre chose qu'une semeuse d'opti-
misme et de franche gaieté. Même sur son lit d'hôpital,
quelques jours avant sa mort, elle réclamait son violon...

    D'aucuns pourraient croire que sa carrière fut de
très longue durée, en raison même de l'abondance de
son œuvre. Pourtant, et c'est ce qui la rend phénomé-
nale, sa carrière ne s'étendra que de 1928 à 1940.

    Ainsi, en l'espace de moins de douze années, elle
donnera à son public plus de quatre-vingts chansons
dont quelques-unes — Y'a longtemps que je couche par

terre, Quand on s'est vu, Gendre et belle-mère, Jim Crow, Valse Denise, Reel de la goélette, Hitler... *demeurent hélas peu récupérables sur le plan du son ou en manuscrits. Parmi tous ces titres glorieux, Le jour de l'An fait à jamais partie des quelques grands classiques de notre chanson patrimoniale. C'est certainement la plus représentative de toutes celles réunies ici. Car si on devait ne conserver qu'une seule chanson de La Bolduc, c'est certainement celle-là qui pourrait le plus éloquemment illustrer son style, son art et son génie!*

Annexes

Notice biographique

Bolduc *(née Travers)*, Madame *ou* La *(née Marie ou Mary-Rose-Anne)*. *Auteur-compositeur-interprète, harmoniciste, violoneuse (Newport, Gaspésie, Québec, 4 juin 1894 — Montréal, 20 février 1941). Issue d'une nombreuse famille d'origine anglaise, elle dut quitter les siens à 13 ans pour venir gagner sa vie à Montréal. Très douée, elle maniait déjà avec aisance le violon, l'harmonica, l'accordéon et la guimbarde. Pour payer son voyage, elle joua du violon dans la grand-rue de Newport tout en vendant des «pilules rouges». À Montréal, elle travailla comme domestique et, le 17 août 1914, elle épousa Édouard Bolduc, plombier, puis commença à élever une nombreuse famille. C'est la crise économique et le chômage qui décidèrent de sa carrière. Elle accompagna d'abord sur disque le chanteur Ovila Légaré, puis on la proposa à Conrad Gauthier qui animait les Veillées du bon vieux temps au Monument national. Il l'engagea d'abord comme violoneuse puis la fit chanter pour la première fois en 1927. Son succès fut tel que Gauthier l'incita à composer des chansons. «La Cuisinière» et «La Servante», qu'elle parvint à enregistrer sous étiquette Starr, non sans difficulté car elle était peu connue. Dès sa parution, ce premier 78t. se vendit rapidement à 12 000 exemplaires, succès sans précédent pour l'époque. Par leur humour et leur franc-parler et grâce*

au style inimitable de la chanteuse qui les agrémentait de
«turlutages», ritournelles comiques produites en frap-
pant la langue sur le palais, ses chansons et ses disques
connurent une très grande vogue. Elle se produisit sans
arrêt au Canada et même aux États-Unis tout en conti-
nuant ses enregistrements. Illettrée, cette femme sympa-
thique, joyeuse et dynamique composait ses chansons
comme elle vivait, au gré de son inspiration, guidée par
un sens d'observation peu commun. Elle fut et demeure
notre première chansonnière, dans le vrai sens du mot.
Ses couplets et refrains traitent de l'actualité environ-
nante et, pris dans l'ensemble, font revivre le climat par-
ticulier des années 1930 au Québec. Les problèmes quoti-
diens, les difficultés matérielles des petites gens sont
reflétés dans ses chansons: «Le Commerçant des rues»,
«L'Enfant volé», «Les Cinq jumelles», «Les Colons cana-
diens», «La Grocerie du coin», «Les Agents d'assu-
rance», «Les Conducteurs de chars», etc. La Bolduc a eu
une influence certaine sur l'évolution de la chanson au
Québec et, si elle a eu beaucoup d'imitateurs, aucun ne
l'a égalée. Son nom est entré dans la légende et on peut
considérer son œuvre comme impérissable et classique.
Selon Réal Benoit, Marius Barbeau a dit d'elle: «Ses
chansons m'ont frappé par leur verve endiablée et un
tour de langue assez unique, à la manière des chanteurs
du vrai terroir. Elle mérite certes qu'on s'occupe de con-
server son répertoire ou de le faire revivre.»

PHILIPPE LAFRAMBOISE
Encyclopédie de la musique au Canada

Quelques dates importantes

1894: Le 4 juin, elle voit le jour à Newport, en Gaspésie; son nom: Marie-Rose-Anne Travers.

1907: Elle quitte les siens afin de s'installer à Montréal pour y gagner sa vie comme domestique.

1914: Le 17 août, elle épouse le plombier Édouard Bolduc, de qui elle aura treize enfants.

1927: Déjà applaudie comme musicienne, elle débute comme chanteuse populaire sur la scène du Monument national dans l'ambiance des «Veillées du bon vieux temps» (1921) de Conrad Gauthier, folkloriste réputé et vedette des disques Columbia et RCA Victor.

1929: Elle enregistre son premier 78 tours solo.

1931: Tournées triomphales au Québec, en Ontario, en Nouvelle-Angleterre.

1937: En tournée, elle subit un accident de voiture qui lui sera fatal.

1939: Souffrante, elle réussit néanmoins à enregistrer quatre nouvelles chansons.

1940: Ultime tournée, en automne, en Abitibi.

1941: Elle meurt le 20 février à l'âge de 47 ans.

1957: Renaissance sur disque avec l'avènement du microsillon.

1959: Lancement, par Réal Benoit, de sa première biographie.

1991: Cinquantième anniversaire de sa disparition.

Petit lexique

Notre chère Dame Bolduc écrivait au son — donc «par oreille» — en s'exprimant dans une langue orthographique alors en usage chez le petit peuple québécois de ce temps-là. D'ailleurs, plusieurs mots et expressions se retrouvent encore de nos jours dans certains milieux aussi bien ruraux qu'urbains.

Ainsi, dans une «parlure» fort imagée, on ignore les règles grammaticales les plus élémentaires, comme l'accord des verbes et des participes, en confondant le féminin et le masculin, le singulier et le pluriel au profit, souvent, d'une couleur locale fort inventive et non dépourvue d'attrait.

Chaque peuple a son accent particulier et sa langue ergotique. Cela contribue souvent à son originalité, surtout à travers la chanson, toutes les libertés étant alors permises.

Pour la génération nouvelle susceptible de s'y intéresser, ce lexique nous paraissait indispensable, voire essentiel, afin de lui permettre de mieux saisir le fond de l'œuvre, sa forme demeurant musicalement à la portée de tous.

Avancer:	faire crédit
Barda:	grand ménage

Bombarlouche:	mot inventé pour la rime, probablement inspiré par la «bombarde» et la musique à bouche
Bougrine:	survêtement, blouse, mantelet...
Bourgeoise:	patronne
Buster:	mourir, être en panne
Chars:	trains
Coulois:	passoire à couler le lait
Démanché:	confus, déconcerté, amoché
Déniaiser:	s'affranchir, sortir de sa coquille
Dérinché:	fourbu, désarticulé
Devirer:	se retourner
Emmanché:	dans un état pénible ou satisfaisant
Forçure:	foie de veau
Fouiller:	faire une chute
Gortons:	cretons, rillettes
Machine:	automobile
Matcher:	conquérir, séduire un éventuel partenaire
Patron:	quelqu'un de bien tourné
P'tites vues:	cinéma
Point:	douleur localisée
Saprer:	ficher, foutre
Se garroche:	se trémousse, provoque
Vlimeux:	taquin, rusé, vicieux
Watcher:	surveiller

Index des chansons

Table

200039

IMPRIMÉ AU QUÉBEC (CANADA)